Max Wellinghaus

Herbert Grönemeyer

Max Wellinghaus

Herbert Grönemeyer

Die Biografie

riva

Bibliografische Information der Deutschen Nationalbibliothek
Die Deutsche Nationalbibliothek verzeichnet diese Publikation in der Deutschen Nationalbibliografie; detaillierte bibliografische Daten sind im Internet über **https://dnb.de** abrufbar.

Für Fragen und Anregungen
info@m-vg.de

Wichtiger Hinweis
Ausschließlich zum Zweck der besseren Lesbarkeit wurde auf eine genderspezifische Schreibweise sowie eine Mehrfachbezeichnung verzichtet. Alle personenbezogenen Bezeichnungen sind somit geschlechtsneutral zu verstehen.

5. Auflage 2025

Türkenstraße 89
80799 München
Tel.: 089 651285-0

Redaktion: Mareike Fallwickl
Umschlaggestaltung: Isabella Dorsch
Umschlagabbildung: action press/REX FEATURES LTD.
Satz: EDV-Fotosatz Huber/Verlagsservice G. Pfeifer, Germering
Druck: GGP Media GmbH, Pößneck
Printed in Germany

ISBN Print: 978-3-7423-0991-4
ISBN E-Book (PDF): 978-3-95971-048-0
ISBN E-Book (EPUB, Mobi) 978-3-95971-049-7

Wir produzieren nachhaltig
www.m-vg.de

Weitere Informationen zum Verlag finden Sie unter
www.rivaverlag.de
Beachten Sie auch unsere weiteren Imprints unter www.m-vg.de

INHALTSVERZEICHNIS

Vorwort 7

KAPITEL 1: HERBERT 11
Ein Stückchen Chaos 13
Berlin, ich häng an dir 19
Nomen est omen 27
Du spieltest Cello 33
Rebell des Ruhrgebiets 41
Eine Hymne für die Ewigkeit 49

KAPITEL 2: MUSIK 57
Mit Herzblut und Föhn geschrieben 59
Kurzer Einblick in seine Seele 67
Fußball, immer wieder Fußball 71
Auf Tour 77

KAPITEL 3: FAMILIE 83
Geprägt vom Vater, gezogen von der Mutter 85
Zwillinge im Geiste 91
Anna 95
Dieser verfluchte Krebs! 103
Papa, hörst du jetzt auf zu singen? 111

KAPITEL 4: SEIN ZWEITES LEBEN 119
Vom Gejagten zum Jäger 121
Flucht nach London 127
Wieder Flugzeuge im Bauch 133
Angeknüpft an alte Erfolge 139

KAPITEL 5: 60 JAHRE 157
Zwischen Wut und Weisheit 159
Wer will schon von allen gemocht werden? 171
Der Musikminister! Jede Stimme zählt 179
Leben ja, aber ohne Plan 185

Diskografie (Auswahl) 191
Auszeichnungen (Auswahl) 193
Anmerkungen 195
Sonstige Quellen 203

Vorwort

Poet" nennen ihn die einen. „Kauz" die anderen. Recht haben irgendwie alle. Herbert Grönemeyer zu beschreiben ist genauso schwer, wie seine Texte zu verstehen. Es genügt nicht, kurz hinzuhören. Man muss sich Zeit nehmen. Viel Zeit sogar. Und auch zwischen den Zeilen lesen. „Die Welt" bejubelt ihn als den Kartografen der deutschen Seele. Weil er uns mit seiner Lyrik tiefer berührt als irgendjemand sonst. Weil er uns den Weg zeigt zu unseren Herzen. Tatsächlich geht es bei dem Ausnahmemusiker nie wirklich darum, wie er singt, sondern immer nur darum, was er singt. „Es wird zu viel geglaubt, zu wenig erzählt. Es sind Geschichten, sie einen diese Welt", formuliert er selbst es treffend in einem seiner größten Hits, „Stück vom Himmel".

Eine bislang unerzählte Geschichte ist die über sein Leben. Was weiß man über den Menschen Herbert Grönemeyer wirklich? Eines sei vorweg gesagt: Der Sänger und Feingeist ist anders, als die meisten ihn sehen. Er ist ein Arbeiter am Klavier und sieht das, was er tut, auch als knallharte Arbeit an. Texten sei eine Schweißarbeit, sagt er. Eine Scheißarbeit! Er ist ein fürsorglicher Familienvater, der sich dieser Rolle äußerst gewissenhaft annimmt. Und er ist ein Nachtmensch, der die Einsamkeit sucht und bisweilen braucht. Da ist er für sich. „Da gehört die Welt mir."

Diese Welt, von der er da spricht, geriet 1998 nach dem tragischen Tod seiner Frau Anna für lange Zeit aus den Fugen. Er fing an, sich zu hinterfragen, seine Musik, sein Leben, einfach alles. Schließlich war Anna stets sein Antrieb gewesen, diejenige, „die die ganze Euphorie ausgelöst hat". Seine Liebeslieder waren ihr gewidmet. Besonders tragisch: Nur drei Tage zuvor hatte der Krebs ihm auch seinen großen Bruder Wilhelm genommen. Nein, das Leben ist nicht fair.

Es dauerte über ein Jahr, bis sich Herbert Grönemeyer wieder seiner Musik widmete. „Zaghafte Gehversuche“, wie er es nannte. Mehr als vier Jahre vergingen bis zur Veröffentlichung seines nächsten Albums „Mensch“, auf dem auch die Single „Der Weg“ zu hören ist. Das war Grönemeyers ganz eigener Versuch, den Abschied von seiner Frau ansatzweise zu verarbeiten. Es sollte sein erfolgreichstes Album werden und wurde sogar noch vor der Veröffentlichung aufgrund der Vorbestellungen mit Platin ausgezeichnet. Letzten Endes erhielt es 21-fach Gold und belegte elf Wochen lang Platz eins der deutschen Albumcharts. Das ist ja gerade das Perfide am Liebesschmerz, dass er immer auch eine Spur von Süße enthält, was die Intensität der Wahrnehmung paradoxerweise um ein Vielfaches steigern kann. „Meine Zuversicht ist, dass man durch große Trauer Gefühle wie Glück, Zuwendung und Nähe intensiver empfindet“, beschreibt es Herbert Grönemeyer. [1]

Die Welt hatte 2002 also ihren Künstler zurück, liegt ihm spätestens jetzt musikalisch zu Füßen. Wo immer er auftaucht, versammeln sich die Massen um ihn. Überraschenderweise sogar dort, wo die Leute ihn gar nicht kennen. „Wo er ist, ist die Bühne“, bringt es seine Freundin auf den Punkt. Und tatsächlich: Wenn er aus seinem Alltag erzählt, sein Lachen lacht und dabei wild mit den Händen gestikuliert, hängen die Menschen an seinen Lippen. Dieser Herbert, sagen sie, ist eine Frohnatur, ein Witzbold. Eine Ruhrpottoriginal, wie er im Buche steht. Nur dass er eben kein Bier trinkt. Auch das ist typisch für ihn. Dass er eben nicht archetypisch ist.

Fragt man die Menschen auf der Straße, wie sie Herbert Grönemeyer beschreiben würden, die Antworten könnten unterschiedlicher nicht sein. Von introvertiert bis extrovertiert, von aggressiv bis sensibel, von laut bis leise. Alles ist dabei. Und alles trifft auch irgendwie auf ihn zu. Warum das so ist? Weil es schwer ist, einen so vielseitigen Künstler wie Herbert Grönemeyer zu greifen. Er ist ein Alleskönner – Sänger, Komponist, Schauspieler und Musiker in Personalunion. Er ist der mit dem ausgedünnten Seitenscheitel, den kleinen, blitzgescheiten Augen, der Siegerfaust auf der Bühne. Der wohl unauffälligste auffälligste Star. Und er ist noch so viel mehr.

Der Schweizer Schriftsteller Max Frisch hat einmal zu seinen Studenten gesagt: Wenn sie ihm einen Lebenslauf präsentierten, wisse er rein gar nichts über sie, schrieben sie allerdings eine Geschichte auf, dann wisse er alles. Herbert Grönemeyer hat in bester Frisch-Manier sein ganzes Leben in seine Lieder hineingetextet, klammheimlich seine eigene Biografie geschrieben, wie er es in seinem Lied „Wunderbare Leere“ zum Ausdruck bringt. Manchmal reimt es sich, meistens jedoch nicht.

Vor rund 30 Jahren, im Juni 1986, schreibt der „Stern“ über ihn, dass einer, der „Herbert“ heißt, niemals ein Star werden kann. Dieser Namen sei schließlich so aufregend wie Selterswasser. Eine Mischung aus Kumpeltyp und Currywurst. Eben spießbürgerlich solide, aber ohne jeglichen Glamourfaktor. Herbert ... oh nein, so heißt kein Star.

Man hat sich getäuscht.

KAPITEL 1

Herbert

Ein Stückchen Chaos

Es ist der 21. Dezember, noch drei Tage bis Heiligabend. Weihnachtstrubel herrscht auf dem Flughafen Köln-Bonn. All die Menschen, vollgepackt mit Koffer und Taschen, zieht es nach Hause zu ihren Familien. Jeder will die besinnlichen Festtage im Kreise seiner Liebsten verbringen – und das auf dem schnellsten Weg. Natürlich gibt es auch diejenigen, die dem Feiertagsstress entfliehen wollen, am besten nach Dubai oder in ein 5-Sterne-Hotel irgendwo in der Karibik. Das sind jedoch die Ausnahmen. Die meisten freuen sich auf weiße Weihnachten zu Hause mit Christbaum, Krippe, Flötenmusik und Würstchen mit Kartoffelsalat. Traditionen eben. Noch geht die Vorfreude im hektischen Flughafengetümmel unter. Die Menschen stehen ungeduldig am Gepäckband, drängeln sich mit Sack und Pack durch die Schleusen. Nur nach Hause. Raus hier. Und das zügig.

Dass die Stimmung gerade an diesen vermeintlich stimmungsvollen Tagen kippen kann, erlebt man immer wieder. Vielleicht ist Herbert Grönemeyer auch deshalb so angespannt, als er mit schnellen Schritten über die weißen Fliesen des Flughafens huscht. Er trägt einen schwarzen Mantel, blaue Jeans, graue Turnschuhe mit weißer Sohle. Die roten Haare sind kurz geschoren, auf der Nase thront seine markante schwarze Brille. Herbert Grönemeyer hat nur leichtes Gepäck dabei, eine Umhängetasche. Auffallen will er nicht. Im Gegenteil. Der Sänger ist sogar ohne Bodyguard unterwegs. Ein Fehler, wie sich wenige Sekunden später herausstellen wird.

Was kurz darauf geschieht, erinnert an einen Krimi in bester Hollywoodtradition. Herbert Grönemeyer ist unterwegs zur Rolltreppe, als links neben ihm ein breitschultriger Mann auftaucht. Er steigert das Tempo, doch der Fremde hält Schritt. Jetzt geht alles rasend schnell. Der Sänger schaut hinüber, zögert, aber nur für einen kurzen Moment, und rennt dann kurzerhand auf den Fremden zu. Herbert Grönemeyer schwingt seine Umhängetasche, in der sich, wie er später betont, einzig eine Ausgabe der Zeitschrift „Zeit" befindet. Der Fremde geht zu Boden, als hätte ihn ein Eisenhammer getroffen. Herbert Grönemeyer schreit ihn an: „Was willst du hier?!" Vollgepumpt mit Adrenalin, hält er den Kerl fest am Kragen seiner Jacke.

Genau in diesem Moment taucht ein zweiter Mann auf, in seiner Hand eine kleine Kamera. Er zittert vor Aufregung, während er all das filmt, was ein paar Meter vor ihm geschieht. „Ich hab Sie, Herr Grönemeyer", ruft der Filmende völlig aus dem Häuschen. Seine Stimme überschlägt sich, ist so wackelig wie später das ganze Video. Doch das ist zweitrangig. Die Falle sollte zuschnappen, und das hat sie getan. Die Treibjagd war erfolgreich, das „Wild" ist erlegt.

Es dauert nicht lange, bis auch Herbert Grönemeyer die laufende Kamera bemerkt. Er weiß in diesem Moment ganz genau, dass er reingelegt wurde. Dass er das „Wild" ist, das in der Falle sitzt. Wahrscheinlich sieht er vor seinem inneren Auge bereits die Schlagzeile, die tags darauf tatsächlich auf fast jeder Zeitung zu lesen sein wird: „Grönemeyer attackiert Fotograf". Er, der Medienprofi, hat sich wie ein Anfänger von diesen Männern provozieren lassen. Ja, er hätte es besser wissen müssen. Doch Gefühle lassen sich nur schwer in Zaum halten. Erst recht, wenn das Blut vor Wut fast überkocht. Immer noch außer sich vor Zorn, stürmt Herbert Grönemeyer jetzt auf den Kameramann zu. Er schreit: „Fuck off!" Und noch mal: „Fuck off, hab ich gesagt." Dann schlägt er dem Mann die Kamera herunter, brüllt: „Was soll der Scheiß? Ich bin privat hier, du Affe!" Der ganze Vorfall dauert nur Sekunden. Doch er sollte ihn noch länger verfolgen, als ihm lieb ist. Viel länger?[2]

Szenenwechsel: Herbert Grönemeyer sitzt im Sessel des ARD-Studios im Berliner Gasometer. Schwarze Hose, schwarzes T-Shirt, schwarzer Blazer. Krawatte trägt er keine, dafür orangefarbene Socken. Mal hat er seine Hände zur Merkel-Raute gefaltet, mal spielt er gedankenverloren an dem Ring, den er am Ringfinger trägt. Und er hört den Fragen zu, die ihm Gastgeber Günther Jauch über die aktuelle Flüchtlingssituation stellt. Aus Angela Merkels „Wir schaffen das!" wird allmählich ein „Schaffen wir das?", so lautet zumindest der Tenor dieser Sendung. Herbert Grönemeyer ist neben Kanzleramtschef Peter Altmaier einer von fünf Talkgästen. Er bezieht ganz klar Position zur Flüchtlingsdebatte, argumentiert anfangs ruhig und gelassen. Er sagt Sätze wie: „Die Gesellschaft hat sich das erste Mal nach der Wiedervereinigung endlich erwachsen verhalten (...) das fand ich schon mal sehr toll."[3] Er lobt diesen „historischen Moment", in dem die Gesellschaft der Politik zeige, wie es gehe. Wichtig sei jetzt, betont Herbert Grönemeyer, den Flüchtlingen eine Heimat zu geben und erst einmal zu helfen. Er spricht schnell. Das macht er immer, wenn ihn etwas beschäftigt. Und man merkt deutlich, wie die Wut in ihm aufsteigt. Wut auf jene, die diese Familien einfach so im Stich lassen wollen.

Bis, ja, bis Herbert Grönemeyer der Kragen platzt. „Das ist doch verbale Brandstiftung, was der Seehofer macht", empört sich der Musiker. Der Sänger wirft der CSU vor, „im rechten Lager zu fischen" – dies sei eine „Unverschämtheit" und gehe „überhaupt nicht". Die Contenance hat er zu diesem Zeitpunkt längst verloren. Wieder gehen die Gefühle mit ihm durch. Sein Gesicht wird rot. Zornesrot. Schweiß steht ihm auf der Stirn.

Wie schwer es ihm fällt, Dinge, die ihn stören, für sich zu behalten, bekommen selbst die engsten Freunde von Herbert Grönemeyer zu spüren. So ätzt er auf dem Reeperbahn-Festival öffentlich gegen seinen alten Kumpel Bono von der Rock-Band U2: „Ich kenne Bono ziemlich gut. Aber ich muss sagen, als ich das gehört habe, war ich geschockt“, poltert der Sänger los.[4] So eine Aktion von einer so großen Band, die alle Millionäre seien, sei respektlos gegenüber den hart arbeitenden Kollegen. Hintergrund des Streits ist, dass das neue Album von Bono kostenlos für alle Nutzer auf die Musikplattform iTunes gestellt wurde. Nicht nur das: Apple platzierte die Platte auch ungefragt in den Bibliotheken der iTunes-Nutzer. Musik dürfe aber nicht verschenkt werden, lautet der Vorwurf Grönemeyers.

Warum er seinen Kumpel Bono nicht einfach angerufen hat, so wie es Freunde ja normalerweise tun, statt ihn über die Medien bloßzustellen? Schließlich kennen sich die beiden seit Jahren, engagieren sich gemeinsam für soziale Gerechtigkeit, unter anderem 2007 bei einem Auftritt beim Rostocker Festival „Deine Stimme gegen Armut“. Wieso also dieser verbale Rundumschlag? Nun, der war wohl schlicht und ergreifend nicht geplant. Der Musiker ist auf dem Reeperbahn-Festival in Hamburg von einer Reporterin nach seiner Meinung gefragt worden und er hat geantwortet – nur wieder einmal viel zu impulsiv. Eben typisch Grönemeyer. Selten taktvoll, stets geradeaus, das Herz dabei auf der Zunge tragend.

Die Wut ... sie gehört zu Herbert Grönemeyer dazu. Sie ist neben der Trauer, der Liebe und der Sorge um die Familie nicht ohne Grund das stärkste Gefühl. Und sind es nicht unsere Gefühle, die unseren Charakter prägen und uns zu Menschen machen? Oder eben zu Musikern, die ganz Deutschland verehrt?

Die Wut macht Herbert Grönemeyer erfolgreich. „Was soll das?“ ist im Jahr 1988 der erste Song, der es in die Top 3 der deutschen Charts schafft. Ganze zwanzig Wochen hält er sich mit der Wuthymne ganz oben in der Hitparade, verbucht somit den längsten Singleerfolg seiner damals noch jungen Karriere. Im dazugehörigen Video zeigt sich der Sänger gewohnt reduziert und doch ausdrucksstark. Fast das gesamte Musikvideo ist in Schwarz und Weiß gehalten. Das Lied handelt, wie jeder weiß, von Liebeskummer, davon, dass ein anderer Mann an die Stelle von Herbert Grönemeyer tritt. Er singt: „Meine Faust will unbedingt in sein Gesicht – und darf nicht." Und er meint es so.

Der renommierte Therapeut Robert August Masters behauptet, dass diese Art der Wut sogar ein Geschenk sei. „Die meisten von uns verwechseln Wut mit Aggression", klärt er auf. Aber Wut in ihrer reinen Form ist eine Emotion, die verletzlich macht. Der Experte spricht von einer „Herzwut", einer Wut voller Leidenschaft, Mitgefühl und Achtsamkeit. Wut kann Liebe sein – „lassen wir zu, dass es so ist", fordert Masters.

Herbert Grönemeyer also ausschließlich auf den Zorn zu reduzieren ist darum nicht nur falsch, es wird ihm schlicht nicht gerecht. Denn genauso wie der Sänger hassen und herumpoltern kann, so kann er eben auch loben und lieben.

Es ist der Abend der „Goldenen Kamera". Zum 50. Mal wird die 25 Zentimeter große Trophäe der Zeitschrift HÖRZU, bestehend aus 18 Karat vergoldetem Sterling Silber, verliehen. Auch Herbert Grönemeyer gehört 2015 zu den ausgesuchten Preisträgern. Er ist ein „musikalischer Poet mit ganz eigenem Rhythmus", begründet die Jury ihre Wahl. Und weiter: Mit seiner Musik kreiere er eine Sprache, die beim Zuhören direkt ins Herz gehe. Zu viele Worte nutze er nie. Aber die, die er nutze, träfen genau.

Das beweist der Sänger auch in seiner Dankesrede. Gut gelaunt erscheint er in den Hamburger Messehallen. Er hat sich an den Dresscode mit Jeans und Shirt zwar nur bedingt gehalten, trägt aber immerhin einen schwarzen Blazer zu den braunen Schuhen. Penibel jegliche Etikette zu bewahren, das scheint ihm sowieso nie sonderlich wichtig zu sein. Die Botschaft ist's, die zählt. Und sie kommt an, als er auf der Bühne seine Ballade „Fang mich an" zum Besten gibt. „Haben eine Hand, ein gemeinsames Herz. Wie du meine Welt neu vermisst, dafür liebe ich dich", heißt es in seinem Lied. Herbert Grönemeyer performt voller Hingabe – und mit dem Wissen, für wen diese wunderbaren Zeilen bestimmt sind.

Dann spricht er ins Mikrofon, und es wird still im Saal. Mit beiden Händen umklammert er seinen Preis, als gäbe ihm dieses Kleinod den nötigen Halt, den er braucht, um vor der ganzen Welt sein Herz zu öffnen. „Ich möchte mich ganz besonders bei der Person bedanken, die es am härtesten mit mir hat ... der wunderbaren Frau an meiner Seite, Jusha", flüstert er voller Warmherzigkeit.[5] Es ist die erste öffentliche Liebeserklärung nach dem Tod seiner Frau. Und sie ist ihm ein Bedürfnis. Vier Monate später sollte er sein Herz noch einmal sprechen lassen. Sogar mit den Worten: „Bis dass der Tod uns scheidet ..."

Diese tiefe Liebe... sie ist genauso Teil von ihm wie der Zorn, der in ihm brodelt. Es ist, als ob zwei Seelen in seiner Brust schlügen. Als ob er zwei Gesichter hätte. Eines, das den verletzlichen Privatmenschen zeigt. Das andere, das den Poppoeten widerspiegelt. Doch um zu verstehen, wie der Sänger tickt, wie er sein Leben wirklich lebt, muss man ihn ein Stück des Weges begleiten. Seinen (Fuß-)Spuren folgen.

Die erste Reise führt zu ihm nach Berlin.

Berlin, ich häng an dir

Wenn sich Herbert Grönemeyer jemandem vorstellt, der ihn nicht kennt, dann stellt er sich als „Herbert aus Berlin“ vor. Oder als „Herbert aus London“ – je nachdem, wo er gerade ist. Der Sänger pendelt seit Jahren zwischen den beiden Hauptstädten hin und her, wobei er sich in letzter Zeit jedoch immer öfter an die Spree verirrt. Hier in Berlin kann er nämlich quasi unbemerkt leben, und das bereits seit über sechs Jahren. „Ich bin halt so unauffällig. Mein Trick ist, mich nicht zu verkleiden“, scherzt Herbert Grönemeyer.[6] Die Berliner sind sehr entspannt, was ihn angeht. Das erlaubt es ihm, abends zum Beispiel einfach auf Konzerte zu gehen. Ob er da im Publikum herumsteht oder nicht, ist den anderen völlig wurscht. Das ist ja in Berlin auch so wunderbar. Hier fragt dich keiner, was tust du, was machst du, hier wird man nicht danach beurteilt, was man verdient und was man hat. Es geht hier eher um die Frage: „Gefällt der mir?“ Berlin ist seiner Meinung nach nicht so statuszentriert wie andere Metropolen. Überhaupt weiß bis heute kaum jemand, dass er im Süden der Hauptstadt ein Häuschen hat. Noch weniger, wo genau sich dieses Anwesen befindet. Auf dem Klingelschild sucht man seinen Namen vergebens. Der Sänger hat auch schon mal drei Jahre in Hamburg verbracht, zehn Jahre in Köln und zwischendurch hat er mal in München gewohnt. 1983 lebte er für sechs Monate sogar in der ehemaligen DDR. Aber zu Hause fühlt er sich – wenn man bei ihm überhaupt von zu Hause sprechen kann – eben in der Weltstadt mit Herz und Schnauze. Zumindest noch. Er sieht es nämlich als Herausforderung an, als „Spaß“, sich immer wieder neue Heimaten zu schaffen und sich dort dann geborgen zu fühlen. „Heimat ist kein Ort, Heimat ist ein Gefühl“, singt er selbst in seinem Lied „Heimat“.

Heimat zu fühlen – eine typische Grönemeyer-Formulierung, zu der der Sänger immerhin eine Art Gebrauchsanweisung mitliefert. Um Heimat zu fühlen, muss man sich zuerst fragen, wie es einem hier an diesem Ort gerade geht. Wie fühlst du dich hier? Fremdelst du hier? Fühlst du dich hier sicher? Hast du Vertrauen? Zutrauen? Hast du hier Menschen, die dir lieb und wichtig sind? „Wenn du das alles mit Ja beantwortest, sagst du, oh schön, hier fühle ich mich wohl, hier ist meine Heimat“, lautet das Fazit des Künstlers.[7]

Bochum, ich komm aus dir. Aber: Berlin, ich häng an dir.

Ja, die Hauptstadt hat es ihm angetan, insbesondere der Berliner Humor. Schließlich gelten die Menschen im Ruhrgebiet zwar gemeinhin als schroff, stur, spröde – aber sie können über sich selber lachen. Und das können die Berliner eben auch. Grönemeyer mag vor allem dieses Aufeinanderprallen von zwei ganz verschiedenen Sichtweisen. Zum Beispiel diese extreme kulturelle Erziehung, die die im Osten haben. „Wir sind die letzten Pseudoschwätzer, haben aber kulturell überhaupt keine Bildung. Im Osten war Kultur Überlebenselixier.“[8]

Wenn Herbert Grönemeyer von einer langen Tournee nach Hause kommt – in sein Berlin –, führt ihn sein erster Weg raus in seinen Garten. „Ich habe keinen grünen Daumen, gucke aber gerne Grün an“, sagt er.[9] Deshalb hat er in Berlin und auch in London jeweils einen Hinterhof mit viel Grün. Das sind seine ganz persönlichen kleinen Oasen. Wenn er dort sitzt, ist er angekommen. Und atmet tief ein. Jede Stadt schmeckt schließlich anders. Am Londoner Flughafen nimmt Herbert Grönemeyer sofort diesen unverwechselbaren Geruch der Insel wahr. In Tegel die würzige „Berliner Luft“. Die „Berliner Luft“ gebe es wirklich, erklärt der Sänger. Es sind Gerüche, die ihm zeigen: Hier ist deine Heimat, Herbert.

Dass er sein Bochum ebenfalls am Näschen erkennt, muss man wohl kaum extra erwähnen. „Ich bin geprägt worden im Ruhrgebiet, mit Sicherheit", sagt er. Sein Denken, seine wichtigsten Einflüsse, sein Charakter, all das ist Pott pur. Er mag ein Weltenbummler sein, in seinen Adern allerdings fließt nach wie vor Bochumer Blut. Natürlich mit einem Pulsschlag aus Stahl. Hier, tief im Westen, begann schließlich seine großartige Karriere. Nein, man muss das so schreiben, wie es bei ihm klingt, jeder in Deutschland kennt seine einzigartige Weise zu singen, dieses Herauspressen der Worte, knurrend, nuschelnd: TIIIIIEF IM WESSSSTEN. Dieser Stadt habe er so viel zu verdanken, schwärmt Herbert Grönemeyer.

Am 14. August 2014 lässt er an der Fassade des Parkhauses am Kurt-Schumacher-Platz ein Riesenplakat aufhängen. „Ich komm aus Dir – Danke!", heißt es samt Herberts jugendlichem Konterfei in Kreideschrift, ganz so wie auf der Langspielplatte „4630 Bochum", die exakt 30 Jahre zuvor erschienen ist. Herbert Grönemeyer weiß eben, was sich gehört. 2011 wurde er bei dem Wettbewerb „Bochums Beste(s)" zur bedeutendsten Persönlichkeit der Stadt gewählt. Keine Selbstverständlichkeit. Darum ehrt es ihn so.

Genau wie die Tatsache, dass er nach wie vor als einer von ihnen angesehen wird. Wann immer er in Bochum ist, wird er aufgenommen wie ein Familienmitglied. Es spielt dabei keine Rolle, dass er vor rund 40 Jahren von dort weggezogen ist. Zur Familie gehört man ein Leben lang. Das muss man aber auch aushalten können. Positiv wie negativ. „Herbert! Hast aber auch ein bisschen zugelegt", bekommt der Sänger durchaus mal vom Blumenhändler zu hören, wenn er dessen Laden betritt. Das ist keineswegs respektlos gemeint. Im Gegenteil. Im Ruhrgebiet schaut man eben aufeinander. Anonymität gibt es hier nicht, Taktgefühl noch viel weniger. Einmal, er war gerade beim Bäcker und konnte die Preise nicht erkennen, weil er seine Brille nicht dabeihatte, sagt die Verkäuferin zu ihm: „Na, Häbbärt, biss auch schon ein bissken älter, kanns' nich mehr so gut gucken, was? Nimm mal meine Brille."[10] Auch dass es bei Autogrammstunden heißt: „Lass den Jungen doch mal Luft holen, der braucht auch mal etwas Pause in seinem Alter", passiert ihm nur hier in seinem Bochum. Du musst im Ruhrgebiet eben sagen, was Sache ist. Für alles andere ist das Leben zu kurz. Es ist für ihn die einzige Region in Deutschland, in der man sich gegenseitig auf die Schippe nehmen kann, ohne Angst zu haben, jemanden zu nahe zu treten. Noch heute geht ihm das Herz auf, wenn er diese Sprache hört.

Etwa alle zwei Monate ist er in Bochum, besucht dort seine Mutter. Auch jedes Jahr an Weihnachten zieht es den Sänger zurück in die Malocherstadt. Dann fährt er an Heiligabend durch die Straßen seiner Kindheit, lässt die Lichter, die Klänge und natürlich die Gerüche auf sich wirken. Und geht meist noch zu einem Buchladen um die Ecke, um die letzten Geschenke einzukaufen. Für ihn hat das etwas Sentimentales, wie er sagt. Auch wenn Bochum „keine Schönheit" ist, so gibt diese Stadt ihm ein Gefühl der Geborgenheit.

„Leute geben, Leute seh'n, sie bewegen, sie versteh'n", lautet passenderweise eine Textzeile aus seinem Lied „Komm' zur Ruhr", das er 2010 eigens für die Kulturhauptstadt geschrieben hat. Es ist nach „Bochum" seine zweite Hommage an die Heimat. Im Ruhrgebiet trägt man, wie er beweist, das Herz auf der Zunge. Das gehört sich so. Wichtiger als diese unverblümte Ehrlichkeit ist im Pott wohl nur noch eines: Zuverlässigkeit. Das ist das erste Bergmanngesetz. „Du brauchst nicht gut Fußball spielen zu können, du brauchst kein Intellektueller zu sein. Aber wenn du nicht zuverlässig bist, kannst du da auswandern", bringt es der Sänger auf den Punkt. „Mit der Kultur bin ich groß geworden."[11]

Ja, er ist stolz darauf, „ein Kind des Ruhrgebiets“ zu sein. Auch wenn er streng genommen ein „Zugezogener“ ist, ein „Reing'schmeckter“, wie es in der Mundart so schön heißt. Denn geboren ist er nicht in Bochum, sondern etwa 230 Kilometer östlich davon. Genauer gesagt, in Göttingen, der renommierten Universitätsstadt in Südniedersachen. Allerdings zählt das nicht wirklich für ihn. Es war schließlich schlicht eine Laune des Schicksals, besser gesagt, eine körperliche Laune seiner damals hochschwangeren Mutter, dass er sich bis heute urkundlich als Göttinger Spross ausweisen muss. „Ich bin in Göttingen nur geboren, weil meine Mutter ständig ohnmächtig wurde, als sie mit mir schwanger war“, erzählt Herbert Grönemeyer.[12] Kein Witz: Wann immer sich seine schwangere Mutter auf die linke Seite legte, verlor sie das Bewusstsein. Man kann sich vorstellen, wie verzweifelt und verängstigt seine Mutter deswegen gewesen sein muss, vor allem weil ihr anfangs niemand glauben wollte. Ihr letzte Rettung war ein Professor namens Martius in Göttingen, ein Spezialist. Auch er hegte zuerst seine Zweifel, zumindest bis sie es ihm bewies, sich erst auf die Seite um- und danach die Augen verdrehte. Der Arzt behielt sie daraufhin in der Klinik.

Am 12. April 1956 sollte Hella Carin Grönemeyer Göttingen einen echten Weltstar schenken – ihren dritten und jüngsten Sohn. Nach zweieinhalb Monaten durfte sie wieder nach Hause gehen, zurück in ihr Bochum. Zurück in sein Bochum. Noch heute sagt Herbert Grönemeyer: „Egal, was die Leute sagen: Ich fühle mich als Bochumer. Und das wird immer so bleiben.“[13]

Heimat fühlen, da ist es wieder. Doch sosehr ihm die Stadt Bochum eine Heimat sein mag, so sehr ist sie es auch wieder nicht. Das Gleiche gilt für London. Und Berlin. Überall zu Hause sein, aber doch keinem Ort wirklich gehören. Vielleicht kann man als Musiker gar kein einheitliches Heimatgefühl entwickeln. Wie denn auch, wenn man wie Herbert Grönemeyer wochenlang, teils monatelang am Stück auf Tournee ist. Da wird der weiße Tourbus mit dem schwarzen Schriftzug zum rollenden Zuhause, die Hotelzimmer der Städte werden zum Rückzugsgebiet. Die meisten Menschen, die sich irgendwo auf der Welt mit Heimweh plagen, haben darum etwas dabei, das sie an eben jenen Herzensort erinnert. Ein Kuschelkissen. Fotos der Liebsten. Oder ein Glas mit selbstgemachter Marmelade aus Omas Garten. Auch ein Herbert Grönemeyer ist nicht frei von diesen Sentimentalitäten. Auch er hat immer ein zugegebenermaßen sehr eigenwilliges Maskottchen dabei, das aber – und hier schließt sich der Kreis – weder an Bochum, Berlin oder London erinnert. Es ist ein kleiner Elefant aus Metall, den er stets in seinem Koffer bei sich trägt. Den Dickhäuter hat er aus dem gleichnamigen Hotel in Weimar, in dem er einmal war. Ein Gastgeschenk, eine Geste. Für Herbert Grönemeyer jedoch so viel mehr. „Den habe ich immer dabei", sagt er über seinen treuen Begleiter. „Der erdet mich."

Dass es ausgerechnet ein Elefant ist, den sich der Sänger als Maskottchen herausgesucht hat, mag kurios erscheinen. Und doch ist es eine logische Konsequenz. Der Elefant gilt wie kaum ein anderes Tier als hochgradig sozial, empathisch und intelligent. Elefanten orientieren sich an den Gefühlen anderer. Ist ein Mensch verunsichert oder überfordert, erscheint ihm etwas unbekannt oder unklar, so wird der Elefant ihn dort abholen, wo er gerade ist, und ihn wieder auf den Boden der Tatsachen zurückholen. Ihn erden, wie Herbert Grönemeyer es so treffend formuliert. Zudem sind Elefanten unbestechlich. Ihr Wesen und ihre Charakterfestigkeit machen die grauen Kolosse so sympathisch. Elefanten nehmen uns so, wie wir sind. US-Forscher haben inzwischen sogar noch eine weitere erstaunliche Fähigkeit der Dickhäuter aufgedeckt: Sie empfinden Mitleid und trösten ihre Artgenossen in Zeiten der Angst.

Oder sie bringen einen zum Lachen. Zumindest ihre detailgetreuen Kopien aus Metall, wie es bei Herbert Grönemeyer immer dann der Fall ist, wenn der Metallelefant bei der Personenkontrolle der verdutzten Flughafen-Security auffällt. Der Künstler kann Unmengen lustiger Anekdoten davon erzählen. Man kann sich vorstellen, wie die Vorfreude jedes Mal in ihm aufsteigt, wenn er sieht, dass sein Gepäck durchleuchtet wird. Sobald es dann heißt: „Herr Grönemeyer, öffnen Sie doch mal bitte Ihren Koffer", grinst er nur und zeigt sein ganz persönliches Stückchen Heimat. Dieser kleine Elefant ist seine Heimat für unterwegs.

Und noch etwas begleitet ihn auf all seinen Wegen. Ein weiteres Stück Zuhause, das er seit 60 Jahren mit sich führt: sein Name. Der ist, ganz wie sein Maskottchen, alles andere als alltäglich: „Meine Mutter kommt aus dem Baltikum, sie meinte: Umso länger der Name, desto edler das Kind."[14] So wird er also auf den Namen Herbert Arthur Wiglev Clamor Grönemeyer getauft. Rufname Herbert.

Nomen est omen

Herbert? Wer heißt denn schon Herbert? Hätte der Sänger als kleiner Filius bereits ein Mitsprachrecht gehabt, was seine Namensauswahl betraf, so hätte er sich mit Händen und Füßen gewehrt. In der Tat hat er sich immer gewundert, wenn er auf Leute traf, die Herbert heißen. Wie konnte man seinen Sohn bloß so nennen? „Bis ich feststellte: Ich heiße ja selber so." Dabei waren seine Eltern so nah dran, es ihm recht zu machen. Sie hätten nur den ersten mit dem zweiten Vornamen tauschen müssen. Dann hieße er jetzt Arthur Grönemeyer. Und das hätte ihm wesentlich besser gefallen, schließlich hat der Name Arthur seiner Meinung nach etwas Kantigeres. „Ich bin ja auch ein kantiger Typ, wie man sieht, ich habe sehr kantige Gesichtszüge. Genau genommen bin ich der klassische harte Typ", witzelt Herbert Grönemeyer.[15]

Eigentlich hätte er ja ein Mädchen werden und Friederike heißen sollen. Aber den Gefallen hat er seinen Eltern nicht getan. Sie nannten ihn daraufhin Herbert. Damit waren sie wohl quitt. Zwischen 1915 und 1925 galt der Name Herbert sogar als hip, er zählte neben Hans, Karl und Walter zu den beliebtesten Vornamen. Wohl auch, weil Herbert im Altdeutschen „der im Heer Glänzende" bedeutet. Ein heroischer Titel eben. Seine anderen Vornamen sind dagegen der Familientradition geschuldet. Er wurde nach seinen Onkeln Arthur und Wiglev genannt, letzterer Name stammt aus Estland, der Heimat seiner Mutter. Clamor ist ein westfälischer Ausdruck, auch Herberts Vater heißt so. Es bedeutet übersetzt so viel wie „Geschrei".

Nomen est omen. Der Name ist bei ihm Programm. Und wie! Dass Bochums Nationalheiligtum – ihr „Häbbärt" – streng genommen überhaupt nicht singen kann, darüber war man sich über die Jahre, eigentlich von Anfang an, einig. Gibt er ja auch selber zu. Die Standardfloskel, ganz locker aus der Hüfte, lautet in Interviews nach wie vor: „ Ich kann nicht anders. Ich bin halt ein manischer Sänger."[16] Unkontrolliert. Aber leidenschaftlich. Dazu diese Stimme. Geknurrt. Gepresst. Eruptiv. Herbert Grönemeyer schleudert, wie anfangs erwähnt, die Worte heraus wie ein Vulkan die Lava. Geschrei vom Feinsten. Aber ein wohlklingendes Rumgeschreie. Und ein gekonntes noch dazu. Herbert singt schließlich, seit er vier Jahre alt ist. Seine Tanten haben ihn früher in den Schlaf gesungen, dreistimmig, mit russischen Chorälen. Damals konnte er unzählige Volkslieder auswendig. Irgendetwas zwischen 72 und 120. Ja, so etwas prägt. Als er später versuchte, seine Kinder ebenfalls in den Schlaf zu trällern, ging das allerdings mächtig daneben. Herbert war sich sicher, dass jetzt seine große Stunde gekommen sei. Aber seine Kinder haben ihn nur völlig entsetzt angesehen. Dabei mochte er „Der Mond ist aufgegangen" doch so gerne ...

Herbert Grönemeyer kann über sich selbst am besten lachen. Die lustigsten Anekdoten, die er erzählt, sind darum die, in denen er sich über seine eigenen Gesangsqualitäten amüsiert. Eine seiner Lieblingsgeschichten ist jene, die auch Claude-Oliver Rudolph in einer bahnbrechenden Rede zu seinem 50. Geburtstag zum Besten gegeben hat. Die beiden Schauspieler kennen sich bereits ihr Leben lang, sie sind enge Freunde, drückten schon gemeinsam die Schulbank, machten 1975 zusammen Abitur. Immer wenn die beiden Burschen damals wohin fuhren, nahm Grönemeyer seine Gitarre in die Hand und fragte: „Soll ich noch was singen?" Und Claude-Oliver Rudolph schrie immer: „Nein, Herbert, nicht schon wieder „Morning Has Broken!" Der Blick seines Kumpels war wohl ähnlich verstört wie später der seiner Kinder: „Ich war halt immer gut drauf. Eine furchtbare Angewohnheit."

Auch sein Nachname Grönemeyer sorgt, seit er 1998 nach London gezogen ist, immer wieder für kleine Anekdoten. Die Engländer können bekanntlich keine Umlaute aussprechen, das „ö" in seinem Namen wird darum jedes Mal zum Zungenbrecher. Wenn der Sänger irgendwo einen Tisch reservieren möchte, muss er seinen Nachnamen buchstabieren. Beim „M" angekommen, lachen die meisten schon, weil der Name so lang ist. Ab dem „Y" schreibt keiner mehr mit – auch wenn er stets protestiert, dass da doch noch zwei weitere Buchstaben kommen. Die meisten seiner britischen Bekannten sprechen seinen Nachnamen längst nur noch „Grienmeier" aus. Wenn er jetzt noch Arthur mit Vornamen heißen würde, wir wären gespannt, was der „Stern" schreiben würde. Arthur Grienmeier ... oh ja, so heißt ein Star.

Musikwissenschaftler Florian Koeppe, der seine Doktorarbeit über Herbert Grönemeyer geschrieben hat, bricht sogar eine stimmliche Lanze für sein Forschungsobjekt. „Natürlich kann er singen", betont Koeppe. Grönemeyer könne in seinem Alter immer noch sehr hoch singen, habe viel Kraft in seiner Stimme und treffe stets die Töne. Allerdings sieht Koeppe auch erste Anzeichen dafür, dass die Stimme unter der dauernden Belastung gelitten habe. Noch mehr punkte Grönemeyer bei den Fans ohnehin mit der Qualität seiner Musik. Schließlich heben sich seine Songs von den der gängigen Popmusik ab. Die meisten Charterfolge sind aus drei Akkorden aufgebaut. Grönemeyers Titel seien dagegen von vorne bis hinten durchkomponiert. „Und er wiederholt sich nie", sagt Koeppe. Jede Grönemeyer-Platte sei anders. Davor müsse man höchsten Respekt haben, auch wenn einem die Musik nicht immer gefalle.

Dieser Anspruch an sich, niemals stehen zu bleiben, sich immer wieder neu zu erfinden, Herbert Grönemeyer hat ihn seinen Eltern zu verdanken. Seiner preußischen Erziehung. „Ich wurde nicht immer gelobt für das, was ich mache", verrät er ohne jegliche Schuldzuweisung.[17] Die Devise zu Hause lautete nun einmal: Das geht auch besser! Wenn er seinem Vater mitteilte, dass die neue Platte fertig sei, fragte dieser: „Ja, aber die Texte?" Es blieb eben immer spannend mit seinen Eltern. Sie merkten jedoch früh, dass ihr jüngster Sohn äußerst musikverbunden war. Sie haben ihn unterstützt, ihn machen lassen. Für die damalige Zeit keine Selbstverständlichkeit.

Dabei wollte er eigentlich nie Sänger werden. Grönemeyer liebäugelte früher vielmehr mit dem Gedanken, als Gebrauchtwagenhändler zu arbeiten. Oder Fußballprofi zu sein. „Das war mein einziger Traum", sagt er. Gesungen habe er ja immer schon, er hätte auch nie gedacht, das jemals beruflich zu machen. Aber Fußballer zu werden? Ja, das hätte er sich sehnlichst gewünscht. Mehr als zehn Jahre lang spielte er aktiv Fußball. Trikotnummer 8. Die langen roten Haare mit einem Stirnband gebändigt. Das sei aerodynamisch gewesen, witzelt Grönemeyer heute. Mit dem Stirnband, so glaubte er, sei er auf 100 Meter mindestens zwei Zehntel schneller. Sein Bochumer Verein war aber nicht der VfL, sondern Victoria. Herbert Grönemeyer war ein guter Stürmer, stand einmal sogar neben FC-Bayern-München-Legende Hermann „Tiger" Gerland auf dem Platz. Was das technische Können betrifft, war Grönemeyer allerdings mehr Bochumer als Brasilianer, machte das fehlende Talent jedoch durch eisernen Willen wieder wett. Einmal stand er als Teenager im Endspiel seiner Bochumer Schulmeisterschaft. Bis dato waren er und sein Team immer Letzter gewesen, aber dieses eine Jahr schafften sie es bis ins Finale. Vollgepumpt mit Adrenalin, ging er darum in jeden Zweikampf, kämpfte um jeden Ball. Es ging schließlich um alles. Dann, Grönemeyer setzte zu einem Torpedo an – einem Flugkopfball, der diesen Namen wahrlich verdiente – und flog kopfüber über den Ascheplatz in Richtung Ball. Und in Richtung eines gegnerischen Schuhstollen, dass das Blut aus seiner Stirn nur so spritzte.

Die klaffende Platzwunde, die er sich bei diesem unglücklichen Zusammenstoß zuzog, registrierte er nicht. Zu verbissen war er. Wie in Trance. Da fühlt man keinen Schmerz. Grönemeyer spielte bis zum Abpfiff weiter. Hinterher, erinnert er sich, habe man seinen Kopf praktisch auf- und zuklappen können. Man „konnte bis auf den Schädel gucken", schildert er. Nach dem Spiel fuhr er ins Krankenhaus, wurde mit drei Stichen genäht, besser gesagt, man hatte versucht, ihn zu nähen. Denn der behandelnde Arzt rutschte anfangs mit der Narkosenadel ständig ab. Als Grönemeyer beim zigsten „Fehlversuch" ein „Autsch" über die Lippen kam, belächelte der Arzt ihn als „Memme". Die Krankenschwester war übrigens derselben Meinung, zischte irgendetwas wie „Ja, das finde ich auch!". Also ließ man die Betäubung weg und nähte zum Trotz ohne. Die Narbe sieht man heute noch auf Herberts Stirn. Sein einziger „Pokal" aus dieser Zeit.

Bei „seinem" VfL Bochum ist er übrigens erst 2006 eingetreten. Vorher habe es sich nicht ergeben, sagt er. Grönemeyer bezeichnet sich trotzdem als Vollblutfan. „Gerade beim Fußball merke ich, dass ich deutscher bin, als ich dachte", verrät er.[18] Jeden Samstag sitzt er vor dem Fernseher und guckt Bundesliga. Seine Mitgliedsnummer beim VFL Bochum ist 4630, passend zu seinem Erfolgsalbum „4630 Bochum". Der Bochumer ist aber auch Dortmund-Fan. Als er klein war, gab's Bochum im Fußball ja praktisch nicht. Nur in der Westfalenliga. Einen Verein, für den man brennen könne, „den brauchste aber als Kind", sagt er. Also Dortmund.

Die Liebe zum Fußball ist geblieben, genau wie sein Faible für Autos, besonders für Oldtimer. Für ihn hat das Internet eigentlich nur die Funktion, dass er ganz nach Belieben – und das tut er sehr häufig – nach seinen geliebten Klassikern stöbern kann. Wie viele Autos er bisher gefahren hat, weiß er selbst nicht mehr so genau. Irgendetwas zwischen 60 und 70, glaubt er. Als junger Mann habe er sogar alle vier Monate den Wagen gewechselt.[19] „Ich war immer schon Autofreak, kannte im Ruhrgebiet jeden Gebrauchtwagenhändler von Bochum bis Duisburg." Für ein paar hundert Mark habe er damals die Autos erstanden. So hatte er unter anderem einen 1600er VW, sein erstes Auto, mit Luftkühlung und Doppelvergaser. Genau wie einen getunten Käfer mit 59 PS, der „auch gut heulte". Sein ältester Wagen ist ein Jaguar. Den besitzt er, seit er im Film „Das Boot" mitgespielt hat. Er steht allerdings seit Jahren in der Werkstatt. Selber schrauben könne der PS-Fan leider nicht, „aber doof danebenstehen kann ich gut".

Wäre er tatsächlich Autohändler geworden, hätten die Onomastiker sicherlich ihre wahre Freude gehabt. Ein Herbert aus Bochum, der gebrauchte Opel verkauft. Das passt. Nomen est omen. Und vielleicht wäre auch vieles anders gelaufen, hätte er mit sechs Jahren nicht ein Geschenk bekommen, das sein Leben nachhaltig verändern sollte – eine viersaitige Ukulele.

Du spieltest Cello

Wenn du in Deutschland zu jemandem sagst, dass du Musik machst, kommt in der Regel die Rückfrage: „Und was machen Sie beruflich?“ In einer Band zu spielen, auf der Bühne zu stehen, das mag zwischen Bochum und Berlin vielleicht als Hobby geschätzt werden. Aber Geld damit verdienen? Nein, da muss schon ein „richtiger“ Beruf her. Grönemeyer selbst hat nach dem Abitur beschlossen, zuerst Jura zu studieren, um seinen Eltern zu beweisen, dass er auch etwas „Anständiges“ machen kann. Als Student der Musikwissenschaft und der Jurisprudenz war er 23 Semester an der Ruhr-Universität eingeschrieben, hat davon etwa sechs Semester aktiv studiert. War aber nichts für ihn. Obwohl es für jemanden, dem es Spaß macht, sperrige Worte wie „Zweiwegetraum“ (aus seinem Lied „Letzte Version“) zu kreieren, sicherlich ein Leichtes gewesen wäre, sich mit der Amtssprache anzufreunden.

In England würde man den Wunsch, Musik zu machen, nie infrage stellen. Musiker sind auf der Insel hoch angesehen. Es ist schließlich das Land der Beatles und der Rolling Stones, die Heimat von Pink Floyd, David Bowie, Oasis, Queen und den Sex Pistols. Klar, dass sich ein Vollblutsänger wie Herbert Grönemeyer hier verstanden fühlt. Und gehört. Herbert Grönemeyer hat in seinem Londoner Wohnsitz allein fünf Fernsehkanäle, auf denen den ganzen Tag über Musik läuft. Zu den besten Sendezeiten. In Deutschland? Konzerte? Nachts um halb eins, eine halbe Stunde. Könne man doch niemandem zumuten, lautet dazu sein zynischer Kommentar.

„Mein Traum ist, dass die Leute sagen, da ist einer, der heißt Grönemeyer, und der macht Musik“, sagte Herbert Grönemeyer, als er noch als singender Schauspieler galt. [20] Dass er diesen Traum heute als zu hundertprozentig als erfüllt ansehen kann, ist unbestritten. Entstanden ist er aus Talent, Fleiß, Mut und einer mit Musik prall gefüllten vererbten DNA. Auch wenn im Grönemeyer'schen Stammbuch keine nennenswert musikalischen Vorfahren zu finden sind, hat ihn seine Familie mütterlicherseits dennoch musisch geprägt. Grönemeyers Großvater hat Cello gespielt, seine Großmutter war Sängerin und dazu eine begnadete Violinistin. Nicht zu vergessen die singenden Tanten mit ihren Chorälen. Grönemeyer selbst beschreibt es als ein Großwerden zwischen Liebe, musischer Zuneigung und ziemlicher Strenge. Das Wort „Strenge" kommt in seinen Beschreibungen über seine Kindheit häufiger vor. Obwohl es sein Vater sicherlich gut gemeint hat, wenn er seinen jüngsten Sohn zum Üben verdonnert hat. Du willst Musik machen? Das darfst du, aber dann musst du auch etwas dafür tun!

Wie seine älteren Brüder Wilhelm und Dietrich bekommt Herbert Grönemeyer mit acht Jahren Klavierunterricht. Zu diesem Zeitpunkt hat er bereits zwei Jahre lang auf seiner Ukulele fleißig herumgezupft und bemerkenswerte musikalische Fortschritte gemacht. Der Onkel hat ihnen zudem das Gitarrenspielen beigebracht. Und so sitzen die Brüder zusammen, wann immer es geht, singen und begleiten sich auf der Gitarre. Auf einem Foto sehen Wilhelm und Herbert sogar aus wie die Hälfte der Beatles. Sie tragen schwarze Anzüge, weiße Hemden mit schwarzem Gummischlips, sitzen mit ihren Gitarren vor einem gedeckten Kaffeetisch, auf dem weißes Porzellan und ein goldener Kerzenständer stehen, und „rocken die Bude".

Das Gefühl für Rhythmus hatte er zu diesem Zeitpunkt längst im Blut, trotzdem war Üben angesagt. Und das fiel ihm besonders in der Pubertät zunehmend schwerer und schwerer. In einer Zeit, in der man das weibliche Geschlecht für sich entdeckt, lieber kickt oder mit den Kumpels abhängt, als am elterlichen Klavier wieder und wieder die Beethoven'sche „Mondscheinsonate" zu spielen, haben schon viele Jugendliche ihr Talent vernachlässigt. Auch Grönemeyer war mit 13 Jahren „sauer auf die ewige Überei". Er fand es lähmend, langweilig, lästig. Sein Vater schenkte ihm daraufhin einen eigenen Flügel – keine einfache Anschaffung für einen Bauingenieur mit drei schulpflichtigen Söhnen. Doch er fühlte wohl, dass dies die einzig richtige Motivation sein würde, seinen Sohn weiterhin an das Klavierspielen zu fesseln. Er war sich sicher, dass sich Herbert der Verantwortung eines solchen Geschenkes bewusst sein würde. Papa Grönemeyer sollte recht behalten.

Dass er ab diesem Moment in Musik gute Noten nach Hause brachte, war keine Überraschung. Schon vor der Musikstunde saß Herbert Grönemeyer am Klavier, gab mit seinen Mitschülern die eine oder andere Boogie-Woogie-Session. Vierhändig wohlgemerkt! Auch in Mathe gehörte er zu den Klassenbesten, genau wie in Sport. Er belegte sogar den Leistungskurs Mathe, ließ sich im Abitur neben Musik auch hierhin prüfen. Kurioserweise gehörte Deutsch zu seinen schlechtesten Fächern. Mit all diesen Büchern und Texten konnte er schlicht nichts anfangen, fand den deutschen Bildungskanon, gelinde gesagt, „furchtbar".

Was also tun? Richtig, eigene Texte schreiben. Seinen eigenen Weg gehen. Herbert Grönemeyer hatte sich für die Musik entschieden und lebte diese Leidenschaft in vollen Zügen aus. Er sang sogar im Chor der benachbarten Hildegardisschule mit, einer reinen Mädchenschule mit einem reinen Mädchenchor. Herbert war der alleinige Tenor – er war ja auch der einzige Junge –, unterstützte die Mädchen mit Stimme und Klavierspiel. Dass er es voll und ganz genossen hat, der Hahn im Korb zu sein, sah man auch daran, dass er die Mädchen nach der Probe zur Bushaltestelle begleitet hat. Seine damalige Chorkameradin Sylvia Sommerfeld beschreibt ihn noch heute als „Gentleman".

Mit 13 sang Herbert Grönemeyer zum ersten Mal in einer Schülerband. Ein paar Jungs, älter als er, sie kamen aus dem benachbarten Wattenscheid, suchten einen Sänger für ihre Band. Ganz im Gegensatz zu heute, wo sich das Feuilleton regelmäßig über seine angeblich nicht vorhandene Gesangskunst lustig macht, galt Grönemeyer früher als guter Sänger, als einer mit Rock 'n' Roll im Blut. Die Qualität der Band sprach sich schnell herum, Talent bleibt selten lange im Verborgenen. „Ich war nie im Stimmbruch, ich habe mit 13 schon so gesungen wie heute", sagt er.[21] Zwar sah er damals noch aus wie „meine Schwester" mit den langen Haaren und den eher zarten Gesichtszügen, und wenn er im Jazzklub auftrat, haben die erst gedacht, wer denn diesen kleinen Jungen mitgebracht hat. Aber sobald er anfing zu singen, belächelte ihn niemand mehr. Und so machte Herbert als Teenager nicht nur seine ersten Bühnenerfahrungen. Er bekam auch mit, was es bedeutet, erfolgreich zu sein. Wenn auch nur im kleinen Maße. Aber es stachelte seinen Ehrgeiz umso mehr an. Seine Großmutter warnte ihn zwar, sich und seine Stimme zu schonen. Sie sagte zu ihm, dass, wenn er weiterhin so herumschreie, es das wohl wäre mit einer Karriere als Sänger. Doch Künstler – und dazu zählte er sich bereits zu Recht – haben bekanntlich ihren eigenen Kopf. Wer wie Herbert Grönemeyer in seiner Jugend gerne rote Samthosen mit Kuhfellstiefeln trägt, dazu die Haare lang und wild, der macht ganz sicher nur das, was er will. Niemals das, was die Oma ihm rät. Sei es noch so gut gemeint.

Mit 15 bekam er seinen ersten Profivertrag. Wieder als Sänger, dieses Mal für die „Bo-Band" des Bochumer Schauspielhauses. Als schließlich ein Pianist am Theater gesucht wurde, war Herbert Grönemeyer auch hier die erste Wahl, Papas Flügel sei Dank. Dass einer, der fürs Theater arbeitet, singen und Klavier spielen kann, sich irgendwann auch als Schauspieler auf die Bühne verirrt, liegt fast schon auf der Hand. Anfangs waren es kaum erwähnenswerte Auftritte, wie die überragende Darstellung eines Gitarrenspielers, der einmal quer über die Bühne gehen musste und neben einem freudigen Grinsen im Gesicht auch eine Seemannsmütze auf dem Kopf trug. Dennoch spielte er alles so überzeugend, dass Regisseur Joachim Preem – der Assistent von Regielegende und Intendant Peter Zadek – auf den jungen Mann aufmerksam wurde. Zadek engagierte den damals 17-Jährigen schließlich für eine Rolle in seinem „Beatles"-Musical. Grönemeyer mimte in diesem Stück nicht nur den Erzähler, er sang zum Schluss auch noch eine „völlig verblödete Nummer", wie er es selbst empfand. Dem Publikum gefiel es trotzdem. Bei der Premiere gab es über eine halbe Stunde lang Standing Ovations.

Zu behaupten, dass an diesem Premierentag in Bochum im Jahr 1974 der Star Herbert Grönemeyer geboren wurde, geht zu weit. Noch hatte der Musiker einige Hürden zu überwinden, unter anderem, dass seine Plattenfirma ihn mangels Können vor die Tür setzen sollte. Aber Herbert Grönemeyer genießt diesen Applaus. Bis heute. „Ich bin ja eitel. Ich sauge das auch auf, ich will geliebt werden", reflektiert der Sänger seinen eigenen Promistatus.[22] Zwar will sich Grönemeyer nicht auf dieselbe Stufe wie sein Kumpel Bono stellen, der sagte, er sei als Kind nicht geliebt worden und hole sich diese Liebe jetzt auf der Bühne. Aber auch Grönemeyer geht da raus aus einem unglaublichen Egoismus. Für ihn ist das keine Caritas-Veranstaltung, wie er selbst sagt. Nein, er macht das in erster Linie für sich.

Direkt nach dem Abitur am Gymnasium am Ostring 1975 engagierte ihn Zadek als Bühnenmusiker und ernannte ihn mit gerade mal 19 Jahren zum musikalischen Leiter des Bochumer Schauspielhauses. Grönemeyer komponierte und arrangierte die Musik für mehrere Zadek-Produktionen und spielte, ohne je nur eine Stunde Schauspielunterricht erhalten zu haben, unter anderem in „Frühlingserwachen" und „Kaufmann von Venedig". „Das war eine heiße Zeit", sagt er rückblickend. Der Zadek habe „tierisches Theater gemacht", kein Bildungstheater, sondern Unterhaltungstheater.

Sucht man in der Karriere von Herbert Grönemeyer nach wichtigen Wegbegleitern, fällt auf: Es tauchen kaum Musikernamen auf. Stattdessen spielen Regisseure in Grönemeyers Karriere die wichtigere Rolle – wie eben Peter Zadek. Der damalige Intendant holte ihn immer wieder auf die Bühne. Nicht nur in Bochum. Grönemeyer spielte ebenso im Schauspielhaus Hamburg, im Staatstheater Stuttgart sowie an der Volksbühne Berlin. Nun erreichte das Theater in den Siebzigern nicht das breite Massenpublikum. Wer berühmt werden wollte, musste ein anderes Medium nutzen: den Film. Auch da arbeitete Grönemeyer mit den großen Namen der Branche zusammen. Allen voran mit Regisseur Wolfgang Petersen, der ihn 1978 im wahrsten Sinne mit ins „Boot" holte.

„Das Boot" erwies sich in der Tat für alle Beteiligten als Hauptgewinn. Dieser Kriegsfilm, der gleich für sechs Oscars nominiert wurde, letztendlich jedoch leer ausging, war DAS Karrieresprungbrett für jeden einzelnen der damals noch recht unbekannten jungen Männer. Jürgen Prochnow, Uwe Ochsenknecht, Heinz Hoenig, Martin Semmelrogge, Jan Fedder, Klaus Wennemann, Claude-Oliver Rudolph und natürlich Herbert Grönemeyer – sie alle profitierten von diesem Megaerfolg. Petersen selbst beschreibt sein Werk als den „größten Moment" seiner Karriere, weil es ein Film war, in dem so viel von ihm selbst drinsteckt, und weil er anfangs auf so viel Ablehnung gestoßen war. „Das Boot" wurde als Kriegshetzerei beschimpft, die Kritiken waren vernichtend. „Es war mörderisch, nach drei Jahren Arbeit so eine Reaktion zu bekommen. Zu meiner Frau habe ich gesagt, wenn der jetzt nicht wenigstens beim Publikum gut ankommt, können wir aus dem Fenster springen", erinnert sich Petersen.[23]

Herbert Grönemeyer spielte in „Das Boot" den Kriegsberichterstatter Leutnant Werner. Und er kann wohl von Glück reden, dass er den Film zu Ende drehen durfte. Während des Drehs steckte die Produktion offenbar in finanziellen Schwierigkeiten, denn die Schauspieler waren zum Teil nicht ordentlich versichert gewesen. Da hat Grönemeyer das Wort ergriffen und gesagt: „Nein, das geht so nicht." Er weigerte sich sogar, unter diesen Umständen weiterzudrehen. Eine mutige Entscheidung. Schließlich war der Sänger damals von einem Promistatus noch weit entfernt: „Dass das der Grönemeyer war, wussten die Leute nicht; die kannten höchstens mein Gesicht, aber nicht meinen Namen. Das kam erst im Nachhinein, als die Musik erfolgreicher wurde als die Schauspielerei."[24]

Am 17. September 1981 wurde in München die Premiere von „Das Boot" gezeigt. Die Verfilmung des Kriegsromans von Lothar-Günther Buchheim sollte zu einem der erfolgreichsten Filmklassiker der deutschen Kinogeschichte werden. Ein Jahr später, 1982, spielte Grönemeyer neben Nastassja Kinski in Peter Schamonis „Frühlingssinfonie" den Komponisten Robert Schumann. Als Peter Beauvais 1983 „Die ewigen Gefühle" von Bernard von Brentano verfilmt, ist Grönemeyer neben Michael Degen und Gila von Weitershausen einmal mehr als Schauspieler zu sehen.

Und vielleicht würde er heute nur noch schauspielern und die Musik im Stil von Jan Josef Liefers, Axel Prahl oder Manfred Krug als lukrativen Nebenjob betreiben. Wenn, ja wenn er 1983 nicht sein viertes Album, „Gemischte Gefühle", veröffentlicht hätte. Darauf zu hören: sein erster Hit.

Rebell des Ruhrgebiets

Es gab in Bochum eine Zeit, da konnte man in die Kneipe im Keller des Schauspielhauses gehen (das spätere „U-Bo“) und dort Herbert Grönemeyer an der Theke hocken sehen. Manchmal machte er dort auch spontan Musik, überhaupt war das gegen Ende der 70er-Jahre eine wilde, eine rebellische Zeit. Und „Häbbärt“ gehört damals wie selbstverständlich zur hiesigen Künstlerszene. Jeder Theatergänger wusste, wer er war, jeder Kneipengänger und jeder Absolvent des Gymnasiums am Ostring auch. Damals sang er allerdings ausschließlich auf Englisch.

Für Grönemeyer war es eine Zeit des Ausprobierens. „Ich machte alles auf einmal“, erinnert sich der Sänger. Was er wirklich wollte, wusste er nicht genau. Und so hatte er sich immer wieder ein bisschen verfranst. Er studierte, spielte Theater, schloss sich der Band Ocean Orchestra an, einer zehnköpfigen Rockjazzformation mit Bläsern. Selbst für einen Schreihals wie ihn eine stimmliche Herausforderung. 1979 veröffentlichte die Band ihre erste eigene LP, die Lieder wieder auf Englisch. Mit dabei Titel wie „Sunny Feelings“, „Don’t Begin“, „Long Live Boogaloo“ und „The Music ist Still in my Mind“. Die Schallplatte mit dem hellblauen Hintergrund, den weißen Wolken und dem dunkelblauen Ocean-Schriftzug ist heute – rund 40 Jahre später – unter den Fans heiß begehrt. Damals hielt sich der Erfolg allerdings in Grenzen, es wurden gerade mal 25.000 Platten verkauft. Natürlich gab es Auftritte wie in der Bonner „Jazzgalerie“ oder im Kölner „Campi“. Aber das Ocean war für alle Bandmitglieder eher eine Spaßband. Man konnte sich austoben und ausprobieren, live spielen, einfach Musik machen.

In diesen Wochen begann Herbert Grönemeyer auch damit, seine ersten eigenen Lieder zu komponieren. Mit deutschen Texten. Natürlich kann er Englisch. Wenn auch nicht perfekt. Anfangs lernte er die Texte von den Doors und von John McLaughlin sogar von den Plattencovern herunter. Als er in England auf Folkfestivals spielte, merkte er sich von den Bob-Dylan-Songs sogar immer nur die letzten Worte, das hat gereicht, die Engländer „fanden es tierisch", amüsiert er sich noch heute darüber. Diese Technik stammt übrigens nicht von ihm, sondern von dem italienischen Spaghetti-Western-Helden Bud Spencer. Er hat damals schon seine englischen Filme nach diesem Prinzip gedreht, erklärte später: „Pass auf, ich habe das alles gar nicht verstanden, ich habe mir immer nur die letzten zwei Wörter gemerkt, das hat gereicht." Gereicht hat es auch Grönemeyer, aber auf Deutsch zu schreiben fällt ihm eben leichter.

Das ist bis heute so geblieben.

Anfangs war allerdings nur seine Stimme gefragt. So auch für seine erste Platte „Grönemeyer", erschienen im Jahr 1979. Die Lieder und Texte stammten nicht von ihm, sondern aus der Feder eines Schreiberduos in Bochum. Es war eine Auftragsarbeit, mehr nicht. In einem Studio an der Königsallee sollte Grönemeyer das Album innerhalb eines Tages einsingen. Das war der Job. Damit war das Thema für ihn erledigt. Dass daraus eine Platte entstehen sollte, die nicht nur seinen Namen trägt, sondern auch sein Konterfei, davon wusste er nichts. Als er dann ein paar Wochen später in Berlin zufällig über den Ku'damm flanierte, fielen ihm fast die Augen aus dem Kopf, als in einem Schaufenster seine Platte hing mit der Aufschrift: Platte des Tages! Sein erster Gedanke: „Das ist nicht euer Ernst, Leute!" Bis heute nimmt er sein Debütwerk nicht für voll, besitzt kein einziges Exemplar dieser Platte, und nein, er will es auch nicht geschenkt bekommen. Nichtsdestotrotz ergatterte er mit diesem Album seinen ersten Musikpreis, wenn auch keinen erfreulichen: „Die Goldene Zitrone" – für das hässlichste Cover des Jahres. Grönemeyer trug damals die typische 70er-Jahre-Haarmatte und sah irgendwie aus wie das peinliche Führerscheinbild, das man partout niemandem zeigen will. „Meine erste Platte war ziemlich grausam", sagt Grönemeyer mittlerweile.

Dennoch: Die Platte „Grönemeyer" legte definitiv den musikalischen Grundstein für seinen Weg als eigenständiger Künstler, denn ein Lied darauf war sehr wohl von ihm. Es heißt „Guten Morgen". Der Text? Vielleicht nicht sein größtes lyrisches Meisterwerk: „Guten Morgen, Herr Bäcker, frische Brötchen, mein Mädchen wartet auf ihr Frühstück. Etwas Milch und etwas Butter, guten Morgen, noch geht's mir gut ..." Wie viele Platten davon verkauft worden sind? Grönemeyer schätzt, um die 900 Exemplare ... oje!

Vom Misserfolg seines Debütalbums ließ er sich jedoch nicht entmutigen. Im Gegenteil. Nur ein Jahr später, 1980, erschien seine zweite Platte. Musikalisch hat er sich dabei noch nicht allzu sehr weiterentwickelt. Wie der Erstling präsentiert sich auch „Zwo" als eine überwiegend skurrile Mixtur aus Liedermachersongs und – sorry, Herbert – totalem Trash. Immerhin, an ein Lied erinnert man sich: „Ich hab' Dich lieb", Grönemeyers erste große Pianoballade. Und es zeigt sich bereits auf seinem zweiten Album, in welche Richtung seine Texte in Zukunft gehen sollten. Die Zeile „Du wolltest dich nicht an mich binden, bin ich so 'n oller Baum?" zählt bis heute zu den Herbert-Klassikern. Das mit „Baum" musste sein, weil danach „Traum" kommt, erklärte er später seinen poetischen Ausbruch. Reim dich oder stirb. Egal, die Ballade wird bis heute geliebt. Und von den Fans gefordert, wie unlängst bei seinem Konzert in Wien im Jahr 2014. „Ich hatte das Lied schon längst vergessen", sagt Grönemeyer – bis das Publikum in der Wiener Stadthalle immer wieder „I hob di lieb" schrie. Seitdem ist der Song in Österreich wieder ein Fixpunkt auf der Setlist. Das Cover des Albums darf natürlich nicht unerwähnt bleiben. Es erinnert an die Pop-Art-Künstler Andy Warhol und Roy Lichtenstein. In einigen Vierersets aus dem Passbildautomaten, zum Teil mit Buntstiften lässig überzeichnet und beschriftet, sieht man Herbert Grönemeyer in witzig-albernen Posen. Mal cool mit Kippe und Sonnenbrille, mal oben ohne als Muskelprotz, mal als Zauberer mit Zylinder. In einem Set ist er sogar mit seiner Anna zu sehen. Mit gelben Haaren und einem von Foto zu Foto größer werdenden Herz auf dem Shirt. Auch schreibt er sich plötzlich „Groenemeyer", also mit „oe" statt „ö". Doch Album „Zwo" wurde zu Flop Nummer zwo. Nur 1500 Stück sollen verkauft worden sein.

1982: „Total Egal", das dritte Album. Diesmal muss er sich für das Cover nicht mehr gar so sehr schämen. Es ist in Schwarz-Weiß gehalten, Grönemeyer (er schreibt sich wieder mit „ö") trägt Schal zum Schmuseblick, wirkt deshalb eher wie ein Möchtegernschlagerstar – was zur Musik allerdings überhaupt nicht passt. Schließlich lässt Herbert gesanglich den „Ruhri" raus, insbesondere „Currywurst" kommt bei vielen Menschen zwischen Dortmund und Duisburg gut an. Auch wenn der Text gar nicht aus Grönemeyers Feder stammt, sondern von Horst-Herbert Krause und Schauspiellegende Diether Krebs, mit dem Grönemeyer zu jener Zeit zusammen am Schauspielhaus Bochum arbeitete. Inspirieren ließen sich die beiden übrigens vom Bratwursthäuschen der Metzgerei Dönninghaus am Bochumer Engelbertbrunnen. Die beiden Songs „Anna" und „Total Egal" bleiben ebenfalls im Gedächtnis. In seinem „Bombenlied" wird Grönemeyer erstmals auch politisch: Es geht um die Neutronenbombe, die Anfang der 80er ein Thema ist. Die Musik stammt von Jürgen Triebel, die Texte größtenteils von Jens-Peter Ostendorf. Auch wurde die Platte jetzt nicht mehr in Eigenregie produziert, sondern von Musikgröße Edo Zanki.

Das dritte Album wurde trotzdem ein Desaster. Kommerziell gesehen. Nach dem Fiasko mit den ersten beiden Alben legte ihm die

Plattenfirma darum einen Namenswechsel nahe, favorisiert wurden „Glamour Green“ und „Herbie Green“. Lächerlich. Oder doch Arthur Grienmeier? Nix da! Grönemeyer ließ nicht mit sich reden, so wie er überhaupt erstaunlich selbstbewusst auftritt. Er forderte seine Musikerkollegen sogar auf, die ZDF-Hitparade zu boykottieren. Die Reaktion: Wer ist der denn? Der wird doch sowieso nicht eingeladen.

In einem Punkt aber knickte Grönemeyer ein. Als ihm seine Plattenfirma nahelegte, die Band zu wechseln, tat er dies mit schwerem Herzen. Keine leichte Situation, schließlich musste er die neuen Kollegen erst davon überzeugen, dass es sich lohnt, mit einem wie ihm Musik zu machen. Man kann sich vorstellen, wie eine Gruppe von gestandenen Rockern reagiert, wenn ein Kerl ankommt mit Texten wie „Ich küsse heiß den warmen Sitz, dort, wo du breit gesessen bist“. Grönemeyer erinnert sich daran, wie viel „Heidenspaß“ er dabei hatte, sein Umfeld mit seinen Ideen zu verblüffen. „Ich habe mich nie um den Erfolg geschert“, betont er. Die Band schon. Und so lautet anfangs deren vernichtendes Urteil: „Also, singen kannste nicht, Klavierspielen kannste nicht, Gitarre geht.“ Es sollte Jahre dauern, bis Herbert Grönemeyer bandintern akzeptiert wurde. Heute stimmt die Chemie innerhalb der Band. „Klar, man geht zusammen durchs Leben. Tourneen kann man ganz anders genießen, wenn man mit Freunden unterwegs ist. Das sind tolle Menschen und tolle Musiker. Nur: Man musste sich damals aneinander gewöhnen.“[25] So, wie die Menschen sich an ihn gewöhnen müssen.

Denn noch bleibt der Erfolg (mal wieder!) aus. Das vierte Album, „Gemischte Gefühle“, abermals von Edo Zanki produziert, setzte 1983 die Negativserie fort. Und es lag sicherlich nicht allein daran, dass Grönemeyer auf dem Cover aussieht wie Klaus Kinski. Es war Deutschrock, der nichts mit der Neuen Deutschen Welle zu tun hat. Da war es schwer, in den 80ern neben Huberts Kah „Sternenhimmel" (1982) und Nenas „99 Luftballons" (1983) zu punkten. Leicht einordnen lässt er sich bis heute nicht. Den Begriff „Rockmusiker", wie sich viele seiner Kollegen nennen, lehnt Grönemeyer gänzlich für sich ab. Rockmusik habe ihre Wurzeln in der englischen Arbeiterbewegung. Aber was die in Liverpool gemacht haben, urteilt er, das haben wir nicht in uns. Dafür seien wir doch alle zu bürgerlich ...

Trotzdem schickte ihn die Plattenfirma Intercord mit dem Mut der Verzweiflung auf Tournee. Eine für alle Beteiligten ernüchternde Zeit. Nicht nur, dass die Band mit einem ausrangierten Linienbus von Stadt zu Stadt gekarrt wurde. Nachdem Grönemeyer und seine Jungs als „richtige Band" ihren Anspruch auf einen Bus mit Schlafgelegenheiten äußerten, nahm der Tourneeveranstalter kurzerhand die Sitze heraus und baute einfach ein paar Ikea-Betten ein. Die mehr als schleppenden Verkaufszahlen sollten die Nachtruhe auch nicht gerade verbessern. In Hannover verkauften sie nur eine einzige Karte, mussten das Konzert daraufhin absagen. In München gingen gerade mal zehn Karten über den Ladentisch, der Veranstalter stellte daraufhin Biertische in die Alabama-Halle, damit sie voller aussah.

Der Schuldige war schnell gefunden. Schon damals lautete der Vorwurf: „Der nuschelt nur und singt nicht." Selbst Produzent Edo Zanki war nicht immer glücklich mit seinem Schützling. Aber Grönemeyer setzte seinen Stil weiterhin durch. Er war viel zu rebellisch, um jetzt klein beizugeben. Er weiß noch genau, wie Edo Zanki immer anfing, die Gegensprechtaste ins Studio zu drücken und zu sagen: „Sing das noch mal, ich habe das nicht verstanden!" Grönemeyer antwortete daraufhin nur: „Ist doch völlig scheißegal. Ich meine, ich bin Sänger, ich mache keine Gedichtreise oder so."[26] Schon damals versucht er, die Sprache so zu kneten und zu quälen, dass sie ihm als Sänger wie ein Instrument einfach passt. Zu passen hat.

Und es passt tatsächlich: „Musik nur, wenn sie laut ist", der erste Song auf „Gemischte Gefühle", wird, rückblickend betrachtet, Herbert Grönemeyers erster amtlicher Hit. Wenn auch Jahre später. So lange allerdings wollte seine Plattenfirma Intercord in Stuttgart nicht warten. Auch für Edo Zanki war das Thema Grönemeyer zu diesem Zeitpunkt längst erledigt. Im Nachhinein sagt er, dass er anfangs nie ein großer Fan des Sängers war, dass er Probleme mit dessen geschwollenem Ego hatte, er es leid war, sich mit Grönemeyers Rechthaberei herumzuschlagen. Natürlich hat jeder Künstler das Recht auf ein wenig Exzentrik, doch dieser Herbert hatte es in seinen Augen übertrieben. Der Zorn hielt aber nicht lange. Inzwischen betont der Produzent sogar, Grönemeyer „vorbehaltlos zu lieben". Die Weichheit, die der Sänger inzwischen zeigt, vor allem nach Annas tragischem Tod, hat ihn versöhnt.

Nach vier erfolglosen Alben wurde Grönemeyer also vor die Tür gesetzt. Die schwäbische Bilanz wies zu viele rote Zahlen auf. „Aus Ihnen wird nichts", hieß es kurz und knapp bei der Intercord. Sie haben zwar „Das Boot" gedreht, aber die Platten will niemand. Auch die Leute auf der Straße haben zu Grönemeyer gesagt: „Sie sind so nett im Film, aber Sie schreiben furchtbare Lieder." Das Projekt Grönemeyer galt offiziell als gescheitert. Nicht allerdings für den Sänger selbst. Die Kunst des Erfolgs liegt bekanntlich darin, einmal mehr aufzustehen, als man hingefallen ist. Englands Premierminister Winston Churchill wusste das. Grönemeyer ebenso. Die Lehrjahre haben ihn geprägt. Ihn drei Dinge gelehrt. Erstens: den Fokus richtig setzen! Obwohl er sagt, dass er seine schönsten Jahre im Theater erlebt hat, wird ihm klar, dass er sich für eine seiner Leidenschaften entscheiden muss. Für beides bleibt nicht die Zeit. Da er sich von Anfang an als Sänger sah, wählte er die Musik. Zweitens: keine englischen Titel mehr. Wer authentisch sein will, muss fühlen, was er singt. Und das geht nur in der Muttersprache. Drittens: eigene Texte schreiben! Grönemeyer merkte schnell, dass er nur über die Dinge texten kann, die ihm naheliegen, ihm etwas bedeuten. Weil er sich nicht als großer Geschichtenerzähler sieht, überlegt er sich, was ihm naheliegt. „Worüber schreibst du, woher kommst du, was kannst du erzählen, was ist deine Mentalität?“[27]

„Bochum“ war das Ergebnis.

Eine Hymne für die Ewigkeit

„Glück auf, Glück auf! Der Steiger kommt.
Und er hat sein helles Licht bei der Nacht,
und er hat sein helles Licht bei der Nacht
schon angezündt, schon angezündt."

Wenn Herbert Grönemeyer diese ersten Zeilen anstimmt, herrscht Gänsehautstimmung im Stadion. Die Luft ist wie elektrisiert, die Spannung steigt ins Unermessliche. Alle Augen sind auf ihn gerichtet. Grönemeyer sitzt am Klavier, allein, ohne die Band. Man spürt die Demut in seiner Stimme, eine Mischung aus Respekt und Dankbarkeit, wenn er dieses Lied über seine Lippen fließen lässt. Er brüllt nicht wie sonst ins Mikrofon, sondern flüstert die Worte fast, streichelt sie, so als würde er seinen Kindern ein Gutenachtlied vorsingen. So als würde er nicht vor 65.000 Fans singen, wie bei seiner „Mensch"-Tour in der Veltins-Arena in Gelsenkirchen.

Diese erste Strophe des „Steigerlieds" singt das Publikum. Er spielt nur die Melodie, genießt diesen stimmgewaltigen Choral, der wie eine Welle auf ihn zurollt. Wer jemals 65.000 Menschen gleichzeitig singen gehört hat, der weiß, wie sich das anfühlt. Und auch wieder nicht. Denn beschreiben lässt sich so ein Moment nicht. Genauso wenig, wie man sich daran „gewöhnen" kann. Das lässt dich nicht kalt. Selbst einen wie Herbert Grönemeyer nicht, der seit über 30 Jahren auf Tournee geht.

Die zweite Strophe „gehört" wieder ihm allein. Alle wissen das, und so singt nur er die nächsten vier Zeilen dieses deutschen Bergmannliedes:

„Schon angezündt'! Das gibt ein'n Schein.
Und damit so fahren wir bei der Nacht,
und damit so fahren wir bei der Nacht,
ins Bergwerk ein, ins Bergwerk ein."

Jeder im Ruhrgebiet kennt das „Steigerlied". Es handelt von der Hoffnung der Bergarbeiter, die nach ihrer getanen und gefährlichen Arbeit unter Tage wieder ans Tageslicht und zu ihren Familien zurückkehren. Das Volkslied gibt es seit dem 16. Jahrhundert. Doch nie war es populärer als jetzt. Sogar die Menschen aus dem Norden, Süden und Osten kennen die Zeilen. Was „Tief im Westen" funktioniert, funktioniert überall. Der Rest ist Geschichte. Grönemeyer-Geschichte. Denn das „Steigerlied" dient – wie bei jedem Konzert – als obligatorisches Intro für eine weitere Hymne des Ruhrgebiets. „BOCHUM!"

„Tief im Westen, wo die Sonne verstaubt, ist es besser, viel besser, als man glaubt": Am 14. August 1984 sind diese bewegenden Worte erstmals auf Vinyl zu hören. „4630 Bochum" heißt die Langspielplatte, mit der dem seinerzeit 28-jährigen Herbert Grönemeyer endlich der Durchbruch gelingt. Mit seinem Werk „Bochum" erschafft er die zwar inoffizielle, aber einzig gültige Stadthymne. Sie erklingt vor jedem VfL-Heimspiel im Rewirpower-Stadion. Zu Mitternacht in Kneipen und Diskotheken. Im Schauspielhaus. Daheim im Partykeller. „Bochum, ich komm aus dir, Bochum, ich häng an dir" ertönt aus zigtausend Kehlen. Voller Inbrunst. Voller Stolz. Gelebte, geliebte Heimat in vier Strophen.

Dabei ist das Lied selbst nie als Singleauskopplung erschienen. Ohnehin stand das gesamte Album anfangs auf der Kippe. Nach seinem Rauswurf bei Intercord fand er mit EMI in Köln zwar ein neues Label, dem er bis heute treu geblieben ist. Doch als er ihnen anfangs offenbarte, dass er sein nächstes Album nicht nur selbst produzieren wolle, sondern dass diese neue Platte „Bochum" heißen solle, „da haben die mich angeguckt, als hätte ich nicht alle Tassen im Schrank. Das kauft schon in Bottrop keiner", hieß es.[28] Dass Grönemeyer darauf den Namen „Bochum" zudem falsch betont – die Betonung liegt ja auf dem „o", aber er betont das „u" – , galt für alle als endgültiges K.-o.-Kriterium. Auch hier täuschte man sich.

Dabei war die anfängliche Skepsis durchaus nachvollziehbar. Bisher galten die Grönemeyer'schen Musikwerke als Ladenhüter, zum Ärgernis der Verkäufer. Herbert Grönemeyer erinnert sich noch ganz genau, wie er gemeinsam mit dem Vertriebsleiter der EMI unterwegs war, um „Bochum" an den Mann beziehungsweise ins Regal zu kriegen. Auf der Kortumstraße in Bochum, der dortigen Fußgängerzone, gab es einen Ladenbesitzer, der von Grönemeyer die Schnauze allerdings mehr als gestrichen voll hatte. „Guck mal die ganze Scheiße, die hier steht", schimpfte er und zeigte dem verdutzten Sänger die vollen Regale mit dessen verstaubten Platten darin, „das hier kauft keine Sau!"[29] Der Ladenbesitzer weigerte sich daraufhin, auch nur eine einzige von Grönemeyers neuer Platte zu verkaufen. Böser Fehler! Als „Bochum" steil durch die Decke ging, war dieses Musikgeschäft in der Tat der einzige Laden in Herberts Heimat, in dem es keine seiner Platten gab.

Auch die Radiosender boykottierten ihn anfangs, sein Lied „Männer" wurde unglaublicherweise nicht im Radio gespielt, weil – so hieß es – ihn keiner versteht. Selbst Grönemeyers Plattenboss samt dessen Marketingleiter erklärten, dass sie bei diesem Lied nichts verstünden. Vielleicht würde „Männer" heute ganz anders klingen, wenn Grönemeyer damals nicht zu einer kleinen List gegriffen hätte. Um die Gemüter in der Geschäftsleitung zu beruhigen, bot er nämlich an, das Lied kurzerhand neu zu mischen. Damit es für alle eben besser verständlich ist. Doch statt mit dem Toningenieur ins hauseigene Tonstudio zu gehen, führte ihn sein Weg in die Kantine zu Frau Schmitz. Diese Frau Schmitz mochte ihn, verwöhnte ihn stets mit selbst gemachten Frikadellen. Grönemeyer sah überhaupt nicht ein, sein Lied auch nur ansatzweise zu verändern, gönnte sich lieber etwas Gutes zu essen. Wieder zurück im Chefbüro, präsentierte Grönemeyer seinem unwissenden Boss exakt dieselbe Platte noch mal. „Na, jetzt verstehen wir es auch ...“, brummte dieser zufrieden.

Die Langrille mit der damaligen Bochumer Postleitzahl in weißer Kreide auf schwarzem Grund – das erste Plattencover ganz ohne Gesicht – avancierte zum erfolgreichsten Album des Jahres in Deutschland. Mit über 2,5 Millionen Exemplaren nimmt es unter den meistverkauften Alben Platz drei ein. Letztendlich war das Album ganze 79 Wochen lang in den Top 100 der deutschen Charts, verkaufte sich pro Tag um die 10.000 Mal. Bis heute gilt „Bochum“ als DER Lieblingssong unter seinen Fans. Eines ist sowieso unbestritten: Wer es schafft, dass bei einem Konzert auf Schalke die Menschen lauthals Bochum besingen, der macht so einiges richtig.

Sowieso macht Grönemeyer bei dieser Platte jede Menge richtig – finden auch seine Bandmitglieder. Während man sich bei „Total egal“ und „Gemischte Gefühle“ erst noch finden musste, wurde bei „Bochum“ als Team gearbeitet. Man hat zusammen nachgedacht, sich zusammen vorbereitet und alles zusammen aufgenommen. Ganz ohne externe Produzenten. Niemand konnte ihnen reinreden. Und das war entscheidend für den Erfolg. Gaggy Mrozeck, von 1981 bis 1990 Gitarrist der Band, sagt, dass bei dieser Platte „künstlerisch alles zusammenkam“. Bis auf „Alkohol“ schrieb Grönemeyer alle Songs selbst. Vor allem „Männer“ – das Grönemeyer bei seinen Konzerten gerne als einen Song für die „Frauen unter euch“ ankündigt – und „Flugzeuge im Bauch“ sollten später zu DEN Klassikern schlechthin werden.

Nach seinem endgültigen Durchbruch mit „Bochum" war Grönemeyer nicht mehr aufzuhalten. Mit „Sprünge", seinem sechsten Studioalbum, landete er auf Anhieb in Deutschland, Österreich und der Schweiz auf Platz 1. Im Juni 1986, acht Wochen nach der Veröffentlichung, erreichte die Platte sogar Platinstatus mit über 500.000 verkauften Exemplaren. Plötzlich werden seine Lieder im Radio hoch und runter gespielt – auch die Konzerte sind ausverkauft. Beim Anti-WAAhnsinns-Festival gegen die atomare Wiederaufarbeitungsanlage Wackersdorf sang er vor mehr als 100.000 Zuschauern. Wenn man sich überlegt, dass er bei seinen Konzerten nur drei Jahre zuvor gerade mal eine Handvoll Tickets verkaufte, war dieses WAAhnsinns-Festival wirklich der Wahnsinn.

Dass allerdings dort, wo (Rampen-)Licht ist, auch Schatten fällt, bekommt Herbert Grönemeyer schnell zu spüren. Nicht alle sind ihm wohlgesinnt, nicht alle grölen freudig seine Lieder mit. Er weiß, dass er polarisiert. Das ist ihm schon 1986 bewusst, als er – in Jeans, Turnschuhen und buntem Hemd – in der Künstlerkantine seiner Plattenfirma EMI sitzt und die letzten Monate Revue passieren lässt. „Erfolg ist was Eigenständiges, was Aufgeblasenes", findet er schon damals. Er sei darum bemüht, sich möglichst wenig davon beirren zu lassen. Natürlich sei es nicht leicht, auf dem Boden zu bleiben, wenn man plötzlich ununterbrochen gesagt bekommt: „Das, was du machst, ist was Besonderes." Aber die Menschen im Ruhrgebiet, wo er zu diesem Zeitpunkt immer seinen ersten Wohnsitz hat, würden schon verhindern, dass er abhebt. „Die haben ein sicheres Gespür für das, was wichtig ist im Leben und was nicht."[30] Des Rummels um ihn überdrüssig, sprühte ein Unbekannter kurz vorher in Bochum an eine Wand: „Sperrt Grönemeyer ein!" Ja, das könne er verstehen, meint er.

Kritik erntete er auch für seine Lieder. Sie seien zu „kopflastig", lautete oftmals der Vorwurf. Dazu würde es an Eindeutigkeit fehlen, wie bei seinem „Männer"-Song. Denn bei solchen Zeilen wie „Männer kaufen Frauen, Männer steh'n ständig unter Strom, Männer baggern wie blöde, Männer lügen am Telefon" sei nicht klar, ob es denn nun ein Lied für oder gegen Männer sei. „Mein Gott", kann er dazu nur sagen, „soll ich denn singen: Männer sind böse, Männer unterdrücken Frauen?"[31] Seine Texte sind eben alles andere als platt. Er liebt unkonventionelle Bilder und Pointierungen. Doch dass Grönemeyer missverstanden wird, passiert ihm immer wieder. Für seinen Hit „Kinder an die Macht" wurde Grönemeyer von aufgebrachten Eltern und selbst ernannten Experten gleichermaßen in die Mangel genommen. Der WDR machte sogar eine Radiosendung zu dem Thema, konfrontierte den Sänger dort mit gleich drei aufgebrachten Kinderpsychologen. Alle waren sich einig, dass dieser Text der „größte Unsinn" sei. Wie könne man denn nur so einen Schwachsinn vertonen? Jemand, der Kinder habe, hätte so einen Text nie geschrieben, meinten die. Kindern dürfe man doch keine Macht geben. Grönemeyer selbst, der inzwischen zwei erwachsene Kinder hat, kann die damalige Aufregung bis heute nicht verstehen. Rückblickend sagt er: „Ich wollte doch nur ein lustiges Lied schreiben." Sein Bruder hatte gerade zum zweiten Mal Nachwuchs bekommen. Von diesem Erlebnis inspiriert, schien es dem Sänger schlichtweg eine gute Idee, etwas zum Thema Kinder in unserer Gesellschaft beizutragen und dachte sich eben diesen spaßig gemeinten, aber dennoch tiefsinnigen Text aus. Nicht ahnend, welche Folgen das haben sollte. Nicht ahnend, dass selbst 30 Jahre später das Lied noch für Diskussionen sorgen sollte. Unter dem Motto: „Kinder an die Macht – Selbstversuch einer Familie" machte unter anderem ein Journalistenehepaar mit ihrem zehnjährigen Sohn und der 13-jährigen Tochter ein Experiment. Die Kinder sollten einen Monat lang Erwachsene spielen, die Regeln vorgeben, die Verantwortung für die Familie übernehmen, inklusive Einkauf und Verwaltung des Haushaltsgeldes. Nicht ganz überraschend war schließlich die Erkenntnis, dass am Ende alle froh waren, wieder in die eigenen Rollen zu schlüpfen. Die „Armee aus Gummibärchen", sie wurde gestoppt.

Nicht jedoch Grönemeyers weiterer Siegeszug. „Ö" etabliert ihn 1988 endgültig als Superstar. „Halt mich" und „Vollmond" werden zu Hits. Die englische Version seines Wutsongs „Was soll das" macht ihn auch in Kanada berühmt. „Ö" war lange Zeit mit 14 Wochen das am längsten auf Platz 1 der Media-Control-Charts befindliche Album eines deutschen Künstlers. Erst im August 2010 wurde es von Unheiligs „Große Freiheit" übertroffen. Allein in Deutschland wurde das Album – das „Ö" wird als stilisiertes Gesicht mit den Punkten innerhalb des Kreises gestaltet – mehr als 1,75 Millionen Mal verkauft. „Die Zeit" schrieb, Grönemeyer habe sich mit dem Album „wieder als erster deutscher Rockpoet" erwiesen, die Lieder hätten „Leichtigkeit und Schliff" und seien „zugleich mit rhythmischen Widerhaken und gedanklichen Widersprüchen gespickt". Grönemeyer beherrsche seine stimmlichen Mittel besser und verwende sie „sparsamer und effektiver". Besonders „Was soll das", ein Lied über eine Eifersuchtsszene, sei mit seiner Selbstironie und seiner „Komik als ein Glücksfall des Deutschrock anzusehen".

Dass sich dieser Deutschrock auch ins Englische übertragen lässt, bewies Grönemeyer im selben Jahr. Unter dem Namen „What's All This" erschienen einige seiner erfolgreichsten Songs auf Englisch. Aus „Was soll das?" wurde „What's all this", aus „Flugzeuge im Bauch" wurden „Airplanes in my head". Wieso die Flugzeuge allerdings bei der Übersetzung vom Bauch in den Kopf segelten, bleibt Grönemeyers Geheimnis. Immerhin: Die schnoddrige „Was soll das"- Lyrik klang in der gedruckten Übersetzung fast wie ein Gedicht von Emily Dickinson: „His after shave hangs in the air, he might have chosen mine to wear. What's all this?" Ja, was soll das?

Der „alte" Grönemeyer veränderte sich. Nicht nur, dass die rote Vokuhila-Mähne inzwischen einem seriösen Kurzhaarschnitt gewichen war, er wirkte insgesamt moderner. Die nächsten beiden Alben, „Luxus" (1990) und „Chaos" (1993), gab es wieder mit Gesicht auf dem Cover – und sogar in Gänze auch auf Englisch. Dazwischen veröffentlichte Grönemeyer eine Art erstes „Best of"-Album mit einem Titelmix seiner ersten vier Alben. Doch das Album „So gut" kommt nicht so gut an wie erwartet. Was auch daran lag, dass es nur ein Best-of seiner ersten vier Alben ist. Der einzig nennenswerte Hit darauf: „Musik nur, wenn sie laut ist". Seiner Beliebtheit aber tut dies keinen Abbruch: 1994 durfte er beim Musiksender MTV als erster nicht englischsprachiger Sänger eine Unplugged-Session einspielen, woraus ein Jahr später das „Unplugged Herbert"-Album hervorging. Dieses legendäre Akustikkonzert war bis zu diesem Zeitpunkt nur Größen wie Paul McCartney, Eric Clapton und Bruce Springsteen vorbehalten gewesen. Kein deutscher Künstler hat es bis dato in die Reihe geschafft. Herbert war der Erste, obwohl er auf Deutsch sang.

Die MTV-Unplugged-Session war wie ein Ritterschlag. Wer sollte also diesen geadelten Herbert Grönemeyer jemals aufhalten können? Die Antwort darauf erfuhr die Welt kurze Zeit später, als das Schicksal gleich zweimal erbarmungslos zuschlägt. Krebs.

KAPITEL 2

Musik

Mit Herzblut und Föhn geschrieben

Früher hat man gesagt: Wenn ich etwas nicht verstehe, muss ich doof sein. Heute sagt man: Wenn ich etwas nicht verstehe, muss derjenige doof sein, der diesen Mist verzapft hat. Herbert Grönemeyer kennt das Problem. Nicht verstanden zu werden ist seit jeher sein Dilemma. „Aber dafür kann ich nichts", wehrt er sich. Wenn einer seine Sprache und seinen Gesang nicht versteht, muss er sich eben eine andere Platte kaufen. Von einem anderen Künstler, der sich weniger kompliziert ausdrückt. Der auf Worte wie „geflissentlich" und „Feinmatrose" verzichtet. „Geflissentlich" ist eines seiner neuen Lieblingsworte. Ein urdeutscher Begriff, der zu Unrecht in Vergessenheit geraten ist. Die Bedeutung des Adjektivs wird laut Duden mit „scheinbar absichtslos, in Wahrheit jedoch ganz bewusst" definiert – man könnte es auch als einen typischen Grönemeyer-Terminus betiteln. Weil dieses kleine Wörtchen all das beschreibt, was die Texte des Sängers ausmachen. „Scheinbar absichtslos" werden die Zeilen in seinen Liedern aneinandergereiht. „In Wahrheit jedoch ganz bewusst", denn Herbert Grönemeyer textet nichts einfach so. Jedes Substantiv, jedes Pronomen hat seine Daseinsberechtigung.

Seit Jahren setzt Herbert Grönemeyer in seinen Texten gezielt Begriffe ein, die man sonst in Popsongs nie hört.[32] „Ich suche nach Worten, die man so in dem Moment nicht erwarten würde", erklärt er. Denn das löst eine kleine Irritation aus, und dadurch bekommt die nächste Strophe eine Art Beschleunigung. Man muss zwischendurch Sachen einbauen, damit ein Text nicht zu gefällig wird und anfängt, vor sich hinzuschlabbern. Grönemeyer singt darum nicht „Ich liebe dich", sondern er liebt sich „zu einem durch". Er singt auch nicht „Fang mich auf", sondern „Fang mich an". Er will neue Formulierungen finden, Klischees vermeiden. Sperrige Worte seien da eine prima

Würze, betont der Sänger. Würde ein Schulkind so reimen wie er, es käme nicht ohne einen Tadel davon. Und doch ist Grönemeyer für die Deutschen das, was Bruce Springsteen für die USA ist. Ein Seismograf sensibler Stimmungen, ein Mann, der die Gedanken eines ganzen Landes in wenigen Worten auf den Punkt bringen kann.

Aber trotz aller Poesie sollte Grönemeyers Lyrik nicht überinterpretiert werden. Grönemeyer schreibt erst die Musik, dann die Texte. Und manche Worte seien bloß dafür da, weil noch ein oder zwei Zentimeter Platz auf dem Papier gefüllt werden müssten. Man müsse aufhören, jedem seiner Worte eine tiefere Bedeutung zu geben, fordert er. Manchmal stehe so ein Wort einfach nur da, weil dort vorher eine Lücke gewesen sei. Manchmal aber auch, weil ihm die Buchstabenfolge schlicht gefallen habe. Eine schöne Zeile auf seiner „Dauernd Jetzt"-Platte lautet zum Beispiel: „Die Brücke ist breiter als der Fluss." Sagt nichts aus, klingt aber schön. Und das genügt. Muss genügen. Denn Grönemeyer hasst kaum etwas so sehr, wie „diese Zeilen zu schreiben". Eine echte Scheißarbeit, findet er, eine Qual.

Um zu verstehen, wie ein echtes Grönemeyer-Lied entsteht, muss man ihm beim Komponieren über die Schulter gucken. Obwohl das gar nicht mal so einfach ist, denn stillsitzen kann dieser Mann partout nicht. Er steht auf, setzt sich wieder hin, spielt ein wenig und steht wieder auf. Dann wird telefoniert, geklimpert, wieder telefoniert, wieder geklimpert. Zwischendurch geht er mal in den Garten oder googelt am Computer nach seinen geliebten Oldtimern. Geistesblitze sind selten. Die größten Ideen der Menschheit entstanden nicht in einem großen Sprung, sondern brauchten Zeit, um zu reifen. In der Tat sitzt Grönemeyer darum jeden einzelnen Tag mindestens einmal am Klavier. Entweder an seinem Steinway-Flügel in Berlin, auf dem er „Bochum" komponiert hat. Den hat ihm seine Plattenfirma geschenkt, versehen mit einer Plakette im Deckel, auf der steht: „Herbert, schön, dass es dich gibt". Oder an seinem Flügel in London. Beim Texten später ist er wesentlich geordneter, disziplinierter. Beim Komponieren allerdings herrscht Anarchie. Grönemeyers Alben entstehen meist aus dem Chaos seiner Gedanken und Gefühle. Er horcht dabei tief in sich hinein, sortiert, separiert, analysiert.[33] „Im Grunde sitz ich am Klavier und forsche. Ja, forschen, das trifft's ganz gut", fasst er zusammen. Und wenn er etwas fühlt, das es ihm wert ist, auf Papier gebracht zu werden, lässt er die Finger tanzen. Sie erzählen seine Gedanken, wie ein Maler sich Pinsel und Leinwand bedient. Im Grunde genommen erschafft Herbert Grönemeyer mit seiner Musik kleine Bilder. Natürlich keine Mainstream-Kunst. Er malt nie für andere. Nein, er malt ein Bild, das „so 'ne Kraft ausdrückt von mir", sagt er. Das kann man sich angucken und sagen: Berührt mich oder berührt mich nicht.

Wer glaubt, dass es nur bei den Texten kompliziert wird, der irrt. Bereits bei seinen Melodien verzichtet er im Gegensatz zu seinen überaus ruhmreichen Kollegen auf die gängigen Popsongakkorde. Sei es „Complicated" von Avril Lavigne, „Just Like a Pill" von Pink, „Summer of 69" von Bryan Adams oder „Please Mr. Postman" von den Beatles – all die genannten Songs basieren auf vier Dreiklängen, die sich in immer gleicher Reihenfolge wiederholen: C-E-G, A-C-E, F-A-C und G-H-D. Der Musikwissenschaftler und Gitarrist Volkmar Kramarz hat diese Akkordfolge in seinem Buch „Die Pop-Formeln" aufgespürt und sie „Turn-Arounds" getauft. Tatsächlich basieren die meisten Charterfolge auf genau diesen vier stets wiederkehrenden Akkorden. Grönemeyers Lieder nicht. Er wandert viel lieber in die schwierigeren Tonarten. Die schwarzen Tasten findet er dabei spannender als die weißen. Es-Dur ist gut, „Bochum" fängt so an. Auch As-Dur mag er. Ebenso D-Dur und A-Dur, weil's „knackig ist und frisch". F findet er dagegen eher lahm. Bei „Schiffsverkehr" habe er relativ viel in F geschrieben, daher auch die schräge Stimmung, aber das sei ihm erst hinterher so richtig aufgefallen. Der wohl typischste Grönemeyer-Ton ist ein hohes A, „gut für den Refrain", sagt er. Grönemeyer kommt mit seiner Stimme überraschend hoch, sogar bis zum D! Das hohe A findet er ganz angenehm, bisschen drücken, bisschen quetschen ... dann geht das schon. Seine verstorbene Frau hat immer zu ihm gesagt, er solle doch mal tiefer singen. Doch das muss so hoch sein, damit es intensiv klingt, eben wie ein Grönemeyer. Sowieso singt man deutsche Sprache ganz weit vorne. Wenn man sie hinten singt, „klingt das immer ein wenig zickig", erklärt er. Englisch gurgelt man hinten im Rachen. Deutsch singt man weiter vorne direkt hinter den Zähnen, dadurch ist es markanter, schärfer. „Englisch hat 'ne andere Farbe, das kannst du dehnen. Deutsch ist wunderbar perkussiv, Stakkato, harte Kanten."[34]

Hat er irgendwann fünf bis sechs passende Stücke zusammen, kommt der Punkt, an dem er anfängt, über eine neue Platte nachzudenken. Doch erst wenn die Musik komplett fertig ist, wenn wirklich jedes Lied in sich stimmig vertont ist, fängt er an, die Texte dazu zu schreiben. Beim Komponieren singt er noch irgendetwas, das ihm einfällt. Immer auf Englisch. Manchmal auch nur „Lalalalala". „Bananentexte" nennt er sie. Genau mit diesen Bananentexten findet er seine Songs sogar am schönsten. Zu seinem Leidwesen muss er dann auf diese 14 oder 15 schönen Lieder einen richtigen Text dichten. Etwas mit Inhalt und Tiefgang. „Da stehe ich schon vor so 'nem Berg und denke: heiheiheiheihei", seufzt Herbert.[35] Sein Ritual beim Schreiben ist seit jeher gleich: Als Erstes kauft er sich neue Kugelschreiber, weil er denkt, dass das sicherlich hilft. Dazu ganz viele Blöcke, auf denen er kreuz und quer herumkritzeln kann. In den ersten Wochen liest er alles, was er in die Finger bekommt. Zeitungen, Gedichte, Lyrik, andere Liedtexte. Auch Bücher liest er quer, auf Englisch und Deutsch. Aber nicht wegen der Inhalte, sondern allein der Sprache wegen, um sich in so einen „Worttank" zu schmeißen:

„Ich versenke mich in Sprache", beschreibt Herbert es. Schließlich beginnt er damit, schier endlose Listen mit Wörtern aufzuschreiben, die in ihm etwas auslösen. Und erst wenn er sich quasi umzingelt fühlt von Wörtern, geht er los, der schwierige Teil. Dann nämlich muss er die Themen, die ihn berühren, sprachlich in den Griff bekommen. Dann muss es noch aufs Lied passen. Und dazu noch singbar sein. Heiheiheiheihei.

Jeder, der sich schon einmal intensiv mit einem Thema beschäftigt hat, kennt dieses Phänomen, dass das Thema plötzlich überall auftaucht. Allgegenwärtig ist. Das Texten geht deshalb nachts besser als am Tag. Weil er da ganz für sich ist, die Welt ihm allein gehört. Schon früher hat er seine Lyrics fast ausschließlich zu nachtschlafender Zeit verfasst. Dass er in „Bochum" von einem Pulsschlag aus Stahl singt, kommt schlicht daher, dass er nachts am Horizont immer das Stahlwerk gesehen hat. Doch sosehr er die Einsamkeit zum Schreiben braucht, er findet es gleichzeitig beruhigend, wenn er weiß, dass da draußen noch andere Menschen wach sind. Wie seine beiden Nachbarn, die auch so lange auf sind wie er. Bei ihnen sieht er ebenfalls das Licht mit dem Mondschein konkurrieren. Und er mag das. Gegen Mitternacht raucht Grönemeyer meist noch eine letzte Motivationszigarette, um sich danach noch einmal für ein paar Stunden in die Arbeit zu stürzen. Vor morgens um drei geht er selten ins Bett. So geht das Tag für Tag, Nacht für Nacht. Wochenlang.

Diese Zeit des Textsuchens, sie ist der schiere Wahnsinn und vor allem für seine Mitmenschen das absolute Grauen. Der Sänger bezeichnet sich in dieser Phase selbst als absoluten Egomanen, weil er alle kirre macht mit seinem Eifer. Wenn man das miterleben muss, so ein durchdrehendes Etwas, dann ist das als Partner nicht einfach. Da möchte man nicht mit ihm zusammen sein, gesteht er. Speziell bei „Dauernd jetzt" habe er teils mehrere Texte pro Song eingesungen und sie Freunden geschickt, seinen Kindern und seiner Freundin vorgespielt, sie zigmal um Rat gefragt, selbst wenn er nur zwei Begriffe ausgetauscht hat wie „Enge“ und „Gemenge“. „Ich kann mich stundenlang festbeißen an jedem einzelnen Wort“, sagt er. Und zwar so lange, bis er selbst mit dem Endergebnis zufrieden ist. Fühlt er sich nämlich mit einzelnen Zeilen nicht einhundertprozentig wohl, merkt das sogar sein englischer Koproduzent Alex Silva. Obwohl dieser nur mäßig Deutsch spricht, so unterbricht er Grönemeyer bei Aufnahmen oft mit dem Hinweis: „Die Zeile meinst du nicht, wie du sie singst. Sing sie noch mal.“ Dann weiß Herbert Grönemeyer, es wird Zeit, noch mal am Text zu feilen. Es wird wieder Zeit für seinen Föhn!

Für Außenstehende mag es befremdlich klingen, aber wenn Herbert Grönemeyer über seinen Texten grübelt und nicht weiterkommt, föhnt er sich, auch wenn es gar nichts zu föhnen gibt. Diese Marotte hat er seit Kindesbeinen. Genauer gesagt, seit er als kleiner Bub nicht mehr in den Kindergarten ging. Das lag nicht etwa daran, dass es ihm verboten wurde, nein, Herbert wollte da nicht mehr hin. Er erinnert sich noch heute an einen Tag, an dem er auf einer Bank im Kindergarten sitzen musste, in der Hand einen Plastikbecher voll mit Hagebuttentee. Das fand er so blöd, dass er gesagt hat, da gehe ich nicht mehr hin. Also blieb er alleine zu Hause. Seine beiden älteren Brüder waren in der Schule, die Eltern arbeiteten. Und was machte ein aufgeweckter Junge, dem langweilig war? Richtig, er ging auf Entdeckungstour. Vor allem der Staubsauger hatte es ihm damals angetan. Das war noch eines der älteren Geräte, die hinten heiße Luft rausgeblasen haben. „Das fand ich unheimlich angenehm. Seitdem bin ich ein Warmluftfetischist.“[36] Wie oft er sich seitdem mit dem Föhn die warme Luft ins Gesicht gepustet hat, während er seine Gedanken über Textpassagen schweifen ließ, weiß er nicht mehr. Dass die Kombi aus Luft und Leidenschaft durchaus zum Erfolg führen kann, hat Grönemeyer mit dem Titel „Mambo" bewiesen. Er saß auf dem Bett, in der einen Hand den Föhn, in der anderen einen Stift, und textete: „Ich drehe schon seit Stunden hier so meine Runden ..." Auch wenn seine „Dauernd Jetzt"-Platte keine Föhntexte enthält, auf seiner letzten Platte waren es noch zwei.

Hätte Herbert Grönemeyer die Wahl, er würde die Texte sogar ganz weglassen wie bei seinem Song „Annäherung". Ein rein instrumentales Stück, bei dem die Melodie das einzige Sprachrohr ist. Es ist wohl das erste Grönemeyer-Lied, bei dem er nicht missverstanden wird. Warum ihm gerade bei diesem Lied die Worte fehlten? Er spricht nicht darüber, würde es sicherlich auch nie zugeben, aber der Titel „Annäherung" klingt wie eine leise Liebeserklärung an seine verstorbene Frau Anna. Schließlich gibt es kaum ein anderes deutsches Wort, in dem sich der Name „Anna" so auffällig unauffällig verstecken lässt wie in ANNAeherung. Wenn Grönemeyer also sagt: „Ich schreibe nichts einfach so", dann hat auch dieses Schweigen einen Grund. „Wenn die Sprache nicht stimmt, dann ist das, was gesagt wird, nicht das, was gemeint ist." Konfuzius wusste das. Grönemeyer weiß das ebenso. Sowieso hat sich der Sänger gerade bei seinem Album „Dauernd jetzt" und dem Song „Wunderbare Leere" an den zwei Basisprinzipien der buddhistischen Lehre orientiert, nämlich im Hier und Jetzt zu leben und die geistige Leere anzustreben. „Eine wunderbare Leere umgibt dich" – so beschreibt der indische Philosoph Osho die Erleuchtung. Grönemeyer als Buddhist zu bezeichnen wäre vielleicht zu viel des Guten. Aber manches am Buddhismus findet er, wie er selbst zugibt, sehr interessant.

Wie andere Musiker auch sucht Grönemeyer beim Komponieren nach einem Impuls. Marilyn Manson und Rammstein sagen beide, dass sie sich von Depeche Mode beeinflussen lassen. „Die haben sich sogar bei mir bedankt", zeigt sich Frontsänger Dave Gahan geschmeichelt. Coldplay-Rocker Chris Martin ließ sich bei seinem Hit „A Sky Full of Stars“ von Katy Perry inspirieren: „Ihre Songs haben die ganze Zeit dieselbe Akkordfolge, das gibt so einen Groove, in den man richtig eindringt, in dem man sich wohlfühlt. Das ist eine fantastische Art, Songs zu machen“, erklärt er. Olly Murs orientierte sich für seinen Kuschelhit „Dear Darlin'“ an Rapper Eminem. Mark Foster verrät, dass er immer auf der Suche nach einem spannenden Wort ist, das ihm gefällt, ihn nicht mehr loslässt. Und Herbert Grönemeyer? Er hat Anna und Buddha. Dazu seinen Föhn und die Einsamkeit der Nacht. Allen voran sein Herzblut.

Kurzer Einblick in seine Seele

Theorie ist eine Sache, Praxis eine ganz andere. Herbert Grönemeyer betont, dass seine Lieder nicht alles von seinem Leben wiedergeben, dass er bewusst genau dort eine Grenze zieht, wo es zu sehr ins Private geht. Dass er eben nur das von seinen Gefühlen transportiert, „was sich künstlerisch verarbeiten lässt". Schließlich sollen die Menschen nicht sein Leben anhören, sondern seine Lieder für ihr eigenes Leben übernehmen können. Gleichzeitig räumt er ein, dass ihm seine musikalischen Werke später genau erzählen, wie es um ihn stand, als er sie schrieb. In der Tat offenbart die Musik sein Seelenheil auf schonungsloseste Art und Weise. „Ich kann mich und andere belügen, meine Platten können das nicht", sagt er.[37] Grönemeyer weiß daher bei jedem Album, wie er zu der Zeit drauf war. Ob er traurig oder glücklich war, blasiert, nachdenklich oder auf der Suche nach einem Neuanfang. Denn er kann die Stimmungen in seiner Musik nicht erzwingen. Er hätte sich des Öfteren gerne selbst ausgetrickst, sagt er, so nach dem Motto: „Auch wenn es dir gerade mies geht, mach ein heiteres Lied." Aber er merkte schnell, dass das nicht machbar ist. Ein gut gelaunter Grönemeyer schreibt Gute-Laune-Hits. Ein trauriger Grönemeyer versinkt in Balladen. Daher verraten ihm seine Platten viel radikaler, wo und wie er im Leben steht, als jegliche Selbstanalyse. So viel zu Theorie und Praxis.

Andere Showgrößen beherrschen das Ausblenden der eigenen Emotionen in Vollendung. Harald Schmidt beispielsweise hat dies perfektioniert, Stefan Raab ebenso. In all den Jahren zeigten sie dem Fernsehpublikum nur ihr Zirkusgrinsen. Sie waren niemals privat, haben nichts von sich preisgegeben. Wir sahen immer nur die Figuren Schmidt und Raab, niemals die Menschen dahinter. Reicht doch, finden beide. Findet auch Herbert Grönemeyer. Und so hält sich der

Sänger ebenfalls eine solche „Schutzmaske" vors Gesicht, versucht, diese kaschierte Sensibilität à la Schmidt und Raab so weit wie möglich aufrechtzuerhalten. Doch wer so vollgepumpt ist mit Gefühlen, der kann diese nicht dauerhaft im Zaum halten. Weder in seinen Liedern noch im Rampenlicht. Wie bei der Echo-Verleihung vor 13 Jahren. Dem wohl öffentlichsten, privatesten Moment Grönemeyers.

Diejenigen, die an diesem 15. Februar 2003 im Berliner Messezentrum ICC im Publikum sitzen oder die Preisverleihung am heimischen Bildschirm verfolgen, vergessen diesen Abend bestimmt nicht mehr. Dabei ist es keine allzu große Überraschung, dass Herbert Grönemeyer mit dem begehrten Musikpreis ausgezeichnet wird. Das steht im Grunde bereits im Winter 2002 nach dem großen Erfolg des Comebackalbums „Mensch" fest. Für den Sänger sollte es der dritte Echo werden, schon 1991 und 1993 hatte er den Musikpreis jeweils als „bester nationaler Künstler" bekommen. Als Herbert Grönemeyer schließlich der Echo in der Kategorie „Künstler national" überreicht wird, kommt alles wie erwartet: Ein strahlender Grönemeyer nimmt die Trophäe von Tote-Hosen-Sänger Campino entgegen, ruft den 5000 Menschen im Saal ein lautes „Bleibt Mensch" zu und bedankt sich anschließend bei seiner Band, seinem Koproduzenten Alex Silva, bei seinem Management und der Plattenfirma. Er sagt, der Preis gehe nicht an ihn allein, sondern an das ganze Team. Applaus im Publikum. Weiter im Programm. Als „Beste Deutsche Musikgruppe" werden die Toten Hosen bejubelt. Der Preis für die „Beste Internationale Musikgruppe" geht an die Red Hot Chili Peppers, die Auszeichnung „Bester Internationaler Künstler" an Robbie Williams. Moderiert wird das Spektakel von Frauke Ludowig und Oliver Geißen. Den ganzen Abend über wird emsig gesungen, sich im Minutentakt bei irgendjemandem bedankt, so wie es auf Preisverleihungen nun mal üblich ist. Eigentlich ist alles wie immer.

Zumindest bis Günther Jauch die Bühne betritt. Die wenigsten wissen, dass Jauch und Grönemeyer seit Jahren eng befreundet sind. Der Sänger war sogar bei der Einschulung von Jauchs Tochter dabei. Der Moderator soll nun den Preis „Rock-Pop-Single national" verkünden. Einer der Nominierten: Herbert Grönemeyer mit „Mensch". Als Jauch mit seiner Laudatio beginnt, herrscht sofort Stille im Saal: Vor ein paar Monaten sei es ihm so gegangen, dass ein Stück und dann auch das zugehörige Album „wirklich meine Seele überfallen haben", beginnt Jauch seine Rede. Er spricht von der Kraft der Musik, davon, dass sie einen trösten kann in Zeiten des Kummers. Er spricht davon, dass jeder, der einmal geliebt, geweint oder gelitten hat, sich in dieser Musik wiederfinden könne. Es ist eine herzliche Hommage an seinen Freund Herbert, eine mutige dazu, denn er weiß ja nicht, ob Herbert tatsächlich gewinnen wird. Bevor Günther Jauch den Umschlag aufreißt, sagt er noch, dass er hoffe, die Jury würde es genauso sehen wie er, denn sonst habe er ein Problem. Sie tut es: „Der Echo 2003 geht an Herbert Grönemeyer!"

Sofort suchen die Kameras auf den Plätzen nach dem Sänger, sie wollen seinen überraschten Gesichtsausdruck einfangen. Doch Grönemeyers anfängliches Lächeln versteinert binnen Sekunden. Denn statt des erwarteten Titelhits „Mensch", der ihn zur Bühne geleiten soll, wird „Der Weg" gespielt. Jenes Lied, das er über den tragischen Tod seiner über alles geliebten Frau geschrieben hat. Nein, damit hat er nicht gerechnet. Auf dem Weg durch den Saal kämpft er mit den Tränen, versucht, mit jedem seiner Schritte die Contenance zu bewahren. Vergebens. Der Song über Anna hat ihn aus dem Gleichgewicht gebracht, seine Schutzmaske ist gefallen. Als das Publikum sich erhebt, ihm einen schier endlosen Applaus spendet, werden auch bei Günther Jauch die Augen feucht. „Ich bin überrascht, ich verstehe das nicht ganz", ist fast alles, was Grönemeyer in diesem Moment über die Lippen bringt. Er hat eigentlich mit dem Eisbären gerechnet, sagt er, eine Anspielung auf sein Video „Mensch", aber eben nicht mit diesem Song. Schließlich fängt er sich und wünscht sich im Hinblick auf einen möglichen Irakkrieg ein „Jahrhundert des Friedens". Zum Schluss bedankt er sich bei all den Menschen, die ihm den Mut gegeben haben weiterzumachen. Bei seinen Freunden und dem Wertvollsten, was er auf der Welt hat – seinen beiden Kindern Felix und Marie. Seine Stimme versagt erneut für einen Moment, dann flüstert er ins Mikro: Dieser Echo, „er ist für euch ..."

Wo Licht hinfällt, das haben wir bereits festgestellt, ist der Schatten nicht weit. So meldeten sich selbst nach dieser emotionsgeladenen Echo-Verleihung gleich mehrere Grönemeyer-Kritiker zu Wort. Allen voran Poptitan Dieter Bohlen. „Wenn Grönemeyer zum Vorsingen von ‚Deutschland sucht den Superstar' gekommen wäre, hätte ihn unsere Jury durchfallen lassen", lästerte der Chefjuror Bohlen. Der habe nur „Charisma, aber keine überragende Stimme". Seine Fans sahen das anders. Die FIFA auch. Sonst wäre Herbert Grönemeyer wohl kaum dazu auserwählt worden, unser deutsches Sommermärchen zu vertonen. Die Vorgabe war klar definiert: Eine Hymne zur Weltmeisterschaft sollte her. Nicht mehr und nicht weniger. Für jemanden, der Fußball fast genauso liebt wie die Musik, eine Herzensangelegenheit.

Fußball, immer wieder Fußball

Mariah Carey wollte nicht – den vorgeschlagenen Titel lehnte die Diva naserümpfend ab. Also sprangen Herbert Grönemeyer und Il Divo als WM-Sänger ein: Die vier Jungs der multinationalen Band sollten mit „Time of Our Lives" den offiziellen Weltmeisterschaftssong 2006 interpretieren. Grönemeyer hatte zugesagt, sich um die WM-Hymne zu kümmern. „Zeit, dass sich was dreht" wurde das erste Mal bei der WM-Eröffnung in München am 9. Juni gespielt. Es war eine Hymne für die ganze Welt, wurde darum auf Deutsch, Englisch, Französisch sowie in einer mehrsprachigen Version veröffentlicht. „Es ist wichtig, dass das offizielle Musikprogramm die Leidenschaft für den Fußball und dessen Bedeutung für die Fans weltweit wiedergibt", erklärte Weltverbandspräsident Joseph S. Blatter. „Ich bin mir sicher, dass die Hymne, die von Herbert Grönemeyer produziert wird, für eine enge emotionale Bindung zwischen den Teams, den Fans und der Weltmeisterschaft sorgen wird."

Grönemeyer holte sich mit dem afrikanischen Popduo Amadou & Mariam, die ein Jahr zuvor mit ihrem Song „Dimanche à Bamako" einen Sommerhit feierten, temperamentvolle Unterstützung. Schließlich musste das Lied rocken, was es auch tat, selbst wenn böse Zungen behaupteten, dass sich der deutsch-afrikanische Rhythmusmix ein wenig nach Dschingis Khan anhört. Grönemeyer hat mit der Beteiligung von Amadou & Mariam den Bogen nach Afrika schlagen, „wo ja 2010 die nächste WM stattfindet", erzählte er. Abgesehen davon, dass er die Erkennungsmelodie der FIFA in den Refrain einbauen musste, hatte er freie Hand. In England und Frankreich hieß der Song schlicht „Celebrate the Day" respektive „Fêter la journée". Nur für die Deutschen gab es diesen typischen Grönemeyer-Subtext, der weit über die schnöde Fußballbegeisterung hinausging. Es gehe in dem Lied darum, die Dinge andersherum zu sehen, nach vorne zu blicken, sodass sich die Stimmung drehe, erklärte der Sänger die Botschaft. Ganz ohne einen tieferen Sinn kann es ein Grönemeyer eben nicht. Auch wenn die wenigsten Fußballfans, die hupend in ihren Autokorsos durch die Straßen zogen, tatsächlich wussten, dass sie mit seiner Hymne sogar deutsche Gedichtkunst rezitierten. Denn „Zeit, dass sich was dreht" erinnerte doch stark an Rainer Maria Rilkes „Herbsttag".

Das blau-weiße Kaiserwetter tat 2006 das Übrige, verwandelte die Weltmeisterschaft vom Eröffnungsspiel bis hin zum Finale in Berlin in ein einziges Hochdruckgebiet. Deutschland hatte sein Sommermärchen. Und Herbert Grönemeyer seinen nächsten Nummer-eins-Hit. Der Sänger ist im wahrsten Sinne ein leidenschaftlicher Fußballfan. Er leidet mit „seinen Jungs" mit, wie beim verlorenen Halbfinalspiel gegen Italien, als der Traum vom vierten Stern ein so bitteres Ende nahm. Dass Italien anschließend Weltmeister wurde, war ein schwacher Trost. Acht Jahre später sollte Herbert Grönemeyer für diese bittere Niederlage entschädigt werden. Siebenfach entschädigt, um genau zu sein.

Die Medien hatten es das „vorgezogene Endspiel" genannt. Deutschland gegen Brasilien im Land des fünfmaligen Weltmeisters, mehr geht nicht bei einer Fußball-WM. Die Favoritenrolle lag ganz klar beim Gastgeber, schließlich hatte es Deutschland bis dato nicht geschafft, auswärts je gegen Brasilien zu gewinnen. Sowieso wurde noch nie eine europäische Elf in Südamerika Weltmeister. Jeder, der dieses Spiel verfolgte, wusste das. Umso überraschender war, was in den nächsten 90 Minuten passieren sollte. „Ich war kurz auf dem Klo – und schon stand es 5:0" war wohl der Satz, der nach diesem legendären Spiel am häufigsten fiel. Noch während der ersten Halbzeit des Halbfinales breitete sich im Land des WM-Gastgebers ungläubiger Sarkasmus aus. Eine andere Reaktion schien auch gar nicht möglich auf das, was sich da auf dem Rasen in Belo Horizonte abspielte: Müller. Klose. Kroos. Kroos. Khedira. Und nach der Pause noch zweimal Schürrle. Sieben Tore. Rekordniederlage des Rekordweltmeisters. Eine Demütigung im eigenen Land. Schlimmer noch als der Maracanaço, das traumatische 1:2 gegen Uruguay in Rio de Janeiro im WM-Finale 1950. Letztendlich war der 7:1-Sieg im Halbfinale so beeindruckend, dass er bis heute in einem Atemzug mit dem anschließenden Titelgewinn genannt wird.

Auch Herbert Grönemeyer fieberte an diesem 8. Juli 2014 mit. Er wusste, dass diese Mannschaft das nötige Potenzial hat, er glaubte daran, dass sie es dieses Mal tatsächlich schaffen könnte. Gemeinsam mit Freunden war der Sänger in Berlin-Kreuzberg beim Public Viewing. Es wurde gegessen, getrunken, gefeiert. Schon bei der WM 2010 war er hier zum Fußballschauen. Dieses Wir-Gefühl gefällt ihm, auch wenn er ohne schwarz-rot-goldene Fanbekleidung aus dem Haus geht. Wer einen Herbert Grönemeyer im Deutschlandtrikot erwartet, wird enttäuscht. Selbst eine Fankette oder ein geschminktes Fähnchen auf der Wange sucht man bei ihm vergeblich. Früher als kleiner Bub hat er, immer wenn er die „Sportschau“ guckte, anschließend sein Trikot angezogen – das war noch eines zum Schnüren oben –, dazu Stutzen und Schuhe und dann ging's raus mit seinen Brüdern in den Garten zum Fußballspielen. Heute trage er diese Fanliebe innerlich, sagt er. Sein Kommentar zu dem Jahrhundertsieg gegen Brasilien: „Ich dachte, mich kneift's!“ Noch lange nach dem Abpfiff saß er da, konnte das Erlebte nicht fassen: War das jetzt wirklich passiert?!

Kaum zu Hause angekommen, versuchte er, dieses wahnsinnige Glücksgefühl irgendwie in Worte zu fassen, und schrieb kurzerhand einen Text, in dem er alle 23 Spielernamen der deutschen Nationalmannschaft untergebracht hat. Das klang ungefähr so: „Zielers Ron waren die Könige der Copacabana“ oder ähnlich. Wenn es einer schafft, mit sperrigen Namen wie Schweinsteiger, Mertesacker und Höwedes einen wohlklingenden Liedtext zu schreiben, dann ja wohl er. Aber schließlich siegte die Vernunft über die Euphorie und er wollte mit der Veröffentlichung warten, bis sie Weltmeister werden sollten. Das tat er auch, allerdings dann mit einem neuen Text. Einem, der nicht ganz so platt war, der dem Mythos Löw eher gerecht wurde. Der Titel: „Der Löw“, erschienen auf seinem „Dauernd Jetzt“-Album. Die „Rheinische Post“ schrieb vom „emotionalsten, bemerkenswertesten und schrägsten Lied“ der Platte. Es sei irre. Grönemeyer singe von Götzes Tor, er singe wie einer, der von der Fußballparty euphorisiert heimkehre und mal ein bisschen ausprobiere, angeschickert herumreime und wortschmiede. Und dabei ist es egal, ob das nun das Gelbe vom Ei ist oder nicht. Vielleicht sagen jetzt viele: Ja, das Lied ist doof. Aber bei „Bochum“ haben auch alle gesagt, das sei doof, das kauft schon in Bottrop keiner mehr. Es kam, wie man weiß, anders. Das ist ja das, warum Grönemeyer den Fußball so liebt, weil dieser Sport das Leben widerspiegelt, weil man eben nie weiß, was passiert.

„Der Löw“ ist Grönemeyers ganz eigener WM-Titel. Ein treibender, harter Lobgesang an den Weltmeistertrainer Joachim Löw. Grönemeyer nennt ihn Herrn Löw, er sagt nicht Jogi wie die anderen. Aus Respekt, denn der Herr Löw hat für ihn so etwas Feines. „Auch die Mannschaft, nicht nur fußballerisch von einem anderen Stern, auch die Art und Weise, wie sie sich präsentiert hat, fand ich sensationell“, schwärmt der Sänger.[38] Er kennt die Spieler persönlich zwar kaum, aber seit er selbst einen WM-Song geschrieben hat, verfolgt er die Entwicklung der Nationalelf noch ein bisschen intensiver. Genau wie die Arbeit des Trainers. Und da er immer über Sachen schreibt, die ihm Freude machen, war ein zweiter WM-Song vorprogrammiert. Die Zeile „Der Löw war los" ist einem von Grönemeyers liebsten Kinderbüchern zu verdanken: „Der Löwe ist los" von Max Kruse. Weil ihm beim Texten noch ein „tata, tata" fehlte – die Melodie war ja wie üblich schon da –, passte eben: Der Löw war los. Tata. Tata. Grönemeyers Plattenfirma hat Jogi Löw nach der Veröffentlichung persönlich ein Album vorbeigebracht. „Das hat Herr Löw mir dann signiert, hat sich bedankt und meinte, es sei großartig", freut sich Herbert Grönemeyer.[39] Sonst allerdings gab es keine Reaktion seitens des DFB oder der Spieler. Aber darauf war es auch nicht angelegt. Das Lied hat ihm so einen Spaß gemacht. Nur darum ging es.

Der Fußballfan Grönemeyer hätte nämlich diesen Löw Song auch dann geschrieben, wenn Deutschland nicht Weltmeister geworden wäre. Und seine Fans hätten es genauso voller Hingabe mitgegrölt. Voller Inbrunst. Mit Gänsehaut. Wer jemals eines von Grönemeyers Konzerten besucht hat, der weiß, wie sich das anfühlt. Und er weiß, warum einer von Grönemeyers Echos mit „Bester Live-Act national" betitelt ist.

Auf Tour

Jede Stadt ist ein anderes Mädchen", umschreibt es Herbert Grönemeyer. Die Kölner und Bonner feiern schon, bevor man auf der Bühne ist. Da müsste er eigentlich gar nicht erst auftreten, die Leute sind von selber gut drauf. Die Hamburger kommen ganz ruhig, werden euphorisch und bleiben lange. Wenn das nordische Blut zu kochen beginnt, will keiner mehr nach Hause. Nur die Westfalen wollen erst mal testen, ob ihr „Häbbärt" noch der Alte ist. Seine Konzerte im Ruhrgebiet sind für ihn darum die schwierigsten. Weil hier alles angefangen hat. Weil hier dieser ganze Wahnsinn begann. Er ist noch heute jedes Mal verblüfft, wenn die Tickets für seine Konzerte binnen kürzester Zeit vergriffen sind. Da strömen Zehntausende in ein Stadion hinein – und alles nur „meinetwegen?", staunt er. Ja, seinetwegen. Letztendlich sollten es innerhalb eines Jahres über eine halbe Million Menschen werden. 2015 war in der Tat eines der erfolgreichsten Jahre für Herbert Grönemeyer. Alle 28 Konzerte seiner „Dauernd Jetzt"-Tour waren restlos ausverkauft. 2016 geht die Tour weiter. Von Mainz bis München, von Gelsenkirchen bis St. Gallen. Nochmals zehn Städte. Nochmals zehn Mädchen. Auf der Bühne zu stehen ist für ihn darum „wie Küssen. Wenn man das mal erlebt hat, möchte man es nicht mehr missen."[40]

Die längste Tour, unglaubliche 96 (!) Konzerte am Stück, bewältigte er bei „Sprünge", 1986. Das ist jetzt rund 30 Jahre her, trotzdem blickt Grönemeyer noch heute leicht verkatert drein, wenn er an diese wilde Zeit zurückdenkt. Jede Nacht haben sie damals durchgemacht, bis morgens um sieben Uhr durchgefeiert, im Bus den Rausch ausgeschlafen und sind dann zum nächsten Konzert gefahren. Morgens immer ohne Stimme aufgewacht. Nur heiße Luft kam da heraus, erinnert er sich. Das ging bis abends so, bis das Adrenalin ihn abermals zurück auf Touren brachte: „Irgendwann wussten wir nicht mehr, wo wir sind und wie wir heißen."[41] Anschließend hatten er und seine Band beschlossen, die Touren künftig zu spalten. Erst 30, dann noch mal 20 Konzerte. Denn egal, wie spaßig so eine Megatour sein mag, es besteht immer die Gefahr, dass man auch ein bisschen daran kleben bleibt. Vor allem ein Erlebnis beschreibt er bis heute als das „irrste Gefühl", das er je erlebt hat: Es war in Luzern in der Stadthalle, als die Fans plötzlich das „Huhu" machen, also erst mit den Händen nach vorne winken und dann alle gleichzeitig die Arme nach oben reißen. Heutzutage kennt jeder dieses „Huuuuuuuh" im Fußballstadion bei Eckstößen oder Freistößen. Damals, 1986, war das neu.

Zwei Jahre später hätte er seiner Tournee noch ein weiteres Highlightziel hinzufügen können: ein Konzert in der DDR, wovon damals jeder Weltstar träumte. Denn hier im Land der begrenzten Reisemöglichkeiten leuchtete der eigene Stern heller als irgendwo sonst auf der Welt. Als Peter Maffay – von Oskar Lafontaine auf die Idee gebracht – 1986 zwei Konzerte in Rostock gab, wollten 400.000 Leute hinein. Letztlich durften 10.000 dabei sein, als Maffay die Mauer „perforieren" half, wie er selbst es später nannte. Tollste Erinnerungen an ihre DDR-Auftritte und die Hingabe der Fans hegen auch Sänger wie Roland Kaiser und Udo Jürgens, der rückblickend behauptete: „Alle Künstler haben heimlich davon geschwärmt, in der DDR aufzutreten." Tatsächlich gab es nur wenige, die das Angebot ausschlugen. Einer davon: Herbert Grönemeyer. 1988 versuchte ihn die Ostregierung mit einer Million Ostmark zu kaufen. Schließlich erhöhten sie die Gage um fast das Vierfache. 3,5 Millionen Ostmark für ein Konzert in Leipzig. 350.000 Zuschauer sollten kommen. Doch Grönemeyer lehnte ab. „Die Menschen haben mich immer gebeten, bloß nicht zu kommen", erzählt er.[42] Die Karten würden zentral vergeben, nur Blauhelme bekämen welche. Es wäre ein Konzert für das Regime gewesen, nicht für die Menschen, für die seine Musik so viel bedeutete. Gerade in den

80ern bekam der Sänger unheimlich viel Post aus dem Osten, und sie alle haben ihm geschrieben, wie sehr ihnen seine Musik helfe. In Sachsen auf Einladung der DDR-Regierung aufzutreten wäre ihm daher wie ein Verrat vorgekommen. Er konnte sich doch nicht auf der einen Seite als Westdeutscher mit der Situation auseinandersetzen, um dann als Alibikünstler im Osten den Hampelmann zu machen. Dass Herbert Grönemeyer damals den Wunsch seiner Fans respektierte, danken sie ihm bis heute. Und dass er seither auf jeder Tour mindestens ein Konzert in den „neuen" Bundesländern – wie auch 2016 in Dresden – gibt, ist ihm ein Bedürfnis. Nicht ohne Grund erinnern ihn die Menschen im Osten an Bochum. Ehrlich, herzlich, stur. Eine ähnlich innige Fanbeziehung pflegt er auch zu Österreich. Er ist jedes Mal aufs Neue aufgeregt, wenn er bei seinen „Nachbarn" spielt, so als ob man einer großen Liebe immer wieder neu begegnet. Es ist schließlich nicht selbstverständlich, dass man als deutscher Künstler in Österreich mit offenen Armen empfangen wird. „Dass ich da so in die Herzen vorgedrungen bin, ist schon toll. Das macht mich stolz."[43]

Herbert Grönemeyer sieht seine Konzerte als eine Art Dankesagen an. Er weiß, dass er ohne seine treuen Fans all das nie erreicht hätte. Starallüren gibt es darum keine. Der Sänger hält auch nichts davon, den Beginn seines Konzerts bis ins Unermessliche hinauszuzögern. Warum auch? Nur um sich wichtiger zu machen, als man eigentlich ist? Nein, bei Herbert Grönemeyer geht es auf allen Konzerten seiner „Dauernd Jetzt"-Tour pünktlich zur Spielfilmzeit um 20.15 Uhr los. Und wie! Licht aus, alles ist schwarz. Auf den Bühnen tauchen Musiker mit Stirnlampen auf. Wie Bergmänner auf ihrem Weg „nach oben". Dann hört man sie auch schon, diese unverwechselbare Stimme. Mit „Unter Tage", seiner Hommage an das Ruhrgebiet, eröffnet er das Konzert. Während des gesamten Openers sind die Grubenlampen noch die einzige Beleuchtung. Von da an aber erstrahlt vor allem die einzigartige Bühnenpräsenz Grönemeyers – noch vor den vier riesigen LED-Screens und der Panoramavideoleinwand. Wenn er nicht am Piano sitzt und mit seinen Balladen zu Tränen rührt, fegt er im schwarzen Anzug und weißen Turnschuhen über die riesige Bühne oder den Laufsteg weit in den Innenraum, tanzend, lachend und selbstironisch die Hüfte schwingend. Wer sich über seine erstaunliche Fitness wundert, dem sei gesagt: „Man braucht gar nicht so viel Kondition, die Euphorie trägt einen. Wenn du da oben stehst, und die Leute freuen sich, da lernst du fliegen", erklärt er.[44]

Die Reihenfolge der Stücke ist dabei entscheidend für die Stimmung im Publikum. Dabei geht es nicht darum, welche Lieder man singt. Sondern vielmehr darum, welches Lied man weglassen kann. Gerade die alten Hits werden nach wie vor von den Fans verlangt. Den Spagat zur neuen Platte zu finden ist somit das Schwierigste. Gemeinsam mit seiner Band wählt er die besten 50 Songs aus, jene, die sie gern alle spielen würden. Letztendlich spielt man 25 bis 28 – und das ist dann schon kompliziert, so Grönemeyer. Dazu kommt: Nicht nur die Fans haben Lieblingslieder, auch er selbst hat Stücke im Repertoire, die er gerne singt. Die dabei sein müssen, egal, wann er auf der Bühne steht. Egal, ob er über seine eigenen Worthülsen stolpert. Die Texthänger gehören längst zu seinen Konzerten dazu wie seine Siegesfaust. Die Fehler sind hausgemacht. Denn dass ihm während der Euphorie die eine oder andere Zeile abhandenkommt, ist seiner eigenen Langeweile beim Texten geschuldet. Es wäre ja zu einfach, wenn jeder Refrain gleich wäre. Bei „Fang mich an" zum Beispiel gibt es am Schluss noch einmal einen Refrain, der einen völlig neuen Text hat. Oder bei „Mensch". Wenn er den Text aufsagen müsste, ohne dass das Publikum ihm soufflieren würde, „ich wüsste jetzt nicht, wann was kommt", gesteht Grönemeyer. Wenn er also „Mensch" im Konzert anstimmt, wartet er kurz ab, was das Publikum singt, und stimmt dann mit ein. Frei nach dem Motto: Irrt er noch oder kämpft er schon? Schwärmt er noch oder liebt er endlich? Ja, was denn nun?

Eine doofe Angewohnheit, dieses Textchaos. Aber so ist er eben, der Herbert. Er kann da nicht raus aus seiner Haut. Wie sehr der Sänger an seinen Ritualen festhält, zeigt sich auch vor seinen Konzerten. So steht auf seinem Tourneespeiseplan immer Reis und Hühnchen. Das komme daher, dass er als Jüngster in der Familie nie die Hühnerbeine bekommen habe, sondern stets sein Vater und seine großen Brüder. Seitdem hat er eine „wahnsinnige Neurose über Hühnerbeine". Hühnerbeine sind für ihn quasi das Nonplusultra. „Ich muss auch nix mehr trinken. Das Hühnerbein kickt mich so an ..."[45] Auch während des Konzerts greift er auf altbewährte Rituale zurück. Ein Auftritt in Köln, ohne dass er zum Abschluss seinen rheinischen Fans in verschiedenen Varianten ein „Oh, wie ist das schööön!" ins Ohr und auf die Lippen setzt – undenkbar!

Doch alles Schöne geht einmal zu Ende. Auch wenn sich Herbert Grönemeyer mit seinem Abschied – zum Glück für alle Fans – noch 30 Jahre Zeit lassen möchte. Es ist ihm ernster damit, als die meisten sicherlich vermuten. Warum auch nicht? Juliette Gréco steht mit ihren fast 90 Jahren noch immer auf der Bühne. Charles Aznavour ist ebenfalls über 90. Und Compay Segundo vom Buena Vista Social Club musizierte mit seinen 95 Jahren noch besser und munterer als so mancher 20-jährige Möchtegernsuperstar. Wenn also ein Herbert Grönemeyer sagt, dass er singen möchte, solange es geht, dann ist das auch so. „Ich mach mein letztes Konzert mit 89, das haben wir schon festgelegt und gehen auch bald in den Vorverkauf damit", erzählt der Sänger augenzwinkernd.[46] Und danach? Macht er sich noch ein paar schöne Jahre im Kreise seiner Liebsten ...

Herbert Grönemeyer ist zwar Musiker, Schauspieler, Produzent. Aber in erster Linie ist er Familienmensch. Die Familie geht ihm über alles.

KAPITEL 3

Familie

Geprägt vom Vater, gezogen von der Mutter

Wilhelm Grönemeyer senior hat seinen drei Söhnen immer gepredigt, dass das Leben jeden Moment zu Ende sein könne. „Also, Jungs, packt es an", so lautete sein Rat. Er sagte, dass sie in seinem Schatten groß werden können, zumindest so lange, bis er irgendwann umfalle. Herbert Grönemeyer beschreibt ihn auf der einen Seite als sturen Westfalen. Als Realisten, präzise im Denken, sehr politisch. „Mein Vater war ein harter Knochen", bringt es der Sänger auf den Punkt. Auf der anderen Seite jedoch war sein Vater jemand, der trotz aller Schicksalsschläge das Leben immer von der positiven Seite gesehen hat, „der sich in das Leben reingebissen hat". Mehr noch als die eisenharte Disziplin war es ebendiese pure, prall gefüllte Lebensfreude, die ihn umgab. Er war sehr gleichmütig, nie schnöselig. Er trank gerne, aß gerne, rauchte gerne. Alle in der Familie mochten ihn, vor allem die Kinder und die Enkel liebten seine gesellig-herzliche Art. „Wenn er am Tisch saß und sich wohlfühlte mit Freunden und Familie, fing er vor Glück an zu weinen", erzählt Herbert.[47] Dann saß er da und freute sich. Einfach so. Obwohl eigentlich nichts passiert war, außer eben, dass die Familie gerade gemütlich beisammensaß. Aber das genügte ihm. Herberts Mutter Hella schüttelte an ihrem 75. Geburtstag nur den Kopf über ihn und meinte: „Wie kann ein Mann so fröhlich sein?" Diese westfälische Fröhlichkeit hat Herbert Grönemeyer von seinem Vater geerbt. „Ich bin heiterer, als man denkt", sagt er.

Herberts Mutter Hella Carin, geborene von Hunnius, ist eher stiller, sehr preußisch. Sie hat immer stark auf Haltung geachtet. Ihr Vater war Erzieher am preußischen Hof. Er erzog damals die Kadetten am Hof mit der Peitsche. Hella kam aus dem Baltikum, genauer gesagt, aus Tallinn, der Hauptstadt Estlands, die dem Norddeutschen nicht unähnlich ist. Und sie war stolz auf ihre adelige Herkunft. Irgendein Zar hatte Herberts Ururgroßvater aus lauter Dankbarkeit den Adelstitel verliehen, weil dieser ihn mit Schlamm aus dem Meer von einer Krankheit geheilt hatte. In einem kleinen Badeort an der Ostsee steht noch heute eine Büste von Herberts Ururgroßvater. Hella legte Wert auf gute Manieren. Das galt am Tisch wie auch sonst. Dazwischenreden, wenn sich Erwachsene unterhalten? Undenkbar. Da wurde durchgegriffen. Sowieso waren die Grönemeyer-Buben alles andere als verwöhnt. Sie mussten seit jeher im Haushalt mithelfen, Betten machen, saugen, Geschirr spülen. Sogar nähen und kochen. „Wir Söhne mussten alles tun", erzählt Herbert. Auch später, als seine Frau Anna und er zusammenlebten, war es für ihn selbstverständlich mitanzupacken.

Seine Kindheit ausschließlich als streng zu bezeichnen wäre falsch. Obwohl die calvinistisch-protestantische Erziehung, wie er selbst es nennt, schon sehr dominant war. Grönemeyer erklärt: „Ich glaube an Gott."[48] Und weiter: „Jeder sollte sich ein moralisches System schaffen, an dem er sich misst." So herrschte neben all dem preußischen Drill im Hause Grönemeyer eine für damalige Verhältnisse überraschende moralische Offenheit. Zu Hause mit der Band üben? Jederzeit. Eine Freundin mitbringen? Klar doch! Das galt für alle Brüder. Herbert Grönemeyer sagt daher rückblickend, dass er zwischen Liebe, musischer Zuneigung und ziemlicher Strenge groß geworden sei. Das Musische hat Mutter Hella mit in die Familie gebracht. Großvater Grönemeyer spielte eben Cello, die Großmutter hatte eine Opernausbildung. Nicht zu vergessen die erwähnten singenden Tanten. „Mein Vater konnte nur laut singen."

Ja, sein Vater. Er war bis zum Schluss Herberts Vorbild. Auch deshalb, weil der Sänger einen Heidenrespekt davor hatte, wie sein Vater mit all den schweren Dingen, die er erlebt hatte, umging. Wilhelm Grönemeyer war gerade mal vier Jahre alt, als sein Vater vor seinen Augen starb. Herberts Großvater war Bergwerksleiter, ein Berg von einem Mann. Wie auch an jenem Tag musste er stets als Erster in die Grube einsteigen. Das tat er immer ohne Angst. Ein letztes „Glück auf" in Richtung seiner Kumpels, dann ging es abwärts. Doch genau an diesem Tag, an dem ausnahmsweise auch Herberts Großmutter und Vater Wilhelm ihn besuchten, gab es einen Gaseinbruch in einer der Gruben. „Mein Großvater war sofort tot. Vor den Augen meines Vaters", erzählt Herbert.[49] „Aber trotz all der Dramatik, er blühte im Leben."

Und das konnte selbst der Zweite Weltkrieg nicht ändern. Wilhelm Grönemeyer verlor seinen Arm in der Schlacht um Stalingrad. Er kehrte jedoch nicht als gebrochener Mann zurück, sondern meldete sich sogar freiwillig für einen weiteren Einsatz in Frankreich. Ungefähr 40 Jahre später, Wilhelm Grönemeyer war mit seiner Familie in der Bretagne zum Sommerurlaub, äußerte er plötzlich den Wunsch, genau jenen Bauern zu besuchen, dessen Hof sie damals während des Krieges beschlagnahmten. Eigentlich keine gute Idee. Welcher französische Bauer hat schon Lust, einen von den deutschen Soldaten wiederzutreffen, die ihn im Krieg heimgesucht haben? „Bist du gekloppt?", hat auch Herbert zu seinem Vater gesagt. Doch Wilhelm Grönemeyer war fest entschlossen, brach morgens auf und kam am Nachmittag völlig betrunken nach Hause. Hella versuchte, ihn möglichst unauffällig an den Kindern vorbeizuschmuggeln, doch die Mühe war vergebens. Noch heute muss Herbert Grönemeyer schmunzeln, wenn er daran zurückdenkt, wie seine kleine, zierliche Mutter seinen hünenhaften Vater quer durchs Zimmer schob. „Ein herrliches Bild." Was passiert war? Der französische Bauer hat sich tatsächlich an seinen Vater erinnert. Und er hat ihn gemocht. Also lud er ihn zum Essen ein, schlachtete extra ein Huhn und schenkte ihm ununterbrochen Calvados ein. Besser als mit dieser Geschichte lässt sich der Menschenfreund Wilhelm Grönemeyer nicht beschreiben.

Dass sein Vater nur einen Arm hatte, spielte für Herbert Grönemeyer nie eine Rolle. Er kannte ihn ja nicht anders, für ihn war sein Vater auch so komplett. So richtig wahrgenommen hat er die Behinderung seines Vaters erst, als er in der Schule von Klassenkameraden darauf angesprochen wurde. Innerhalb der Familie war das nie ein Thema. Wenn es um deine Mutter oder deinen Vater geht, setzt sich dein Bild über jede Behinderung hinweg, schildert es der Sänger. Abgesehen davon, war Wilhelm Grönemeyer nicht wirklich gehandicapt: Er konnte Auto fahren und sich mit einer Hand die Schuhe zubinden. Im Haushalt war er nicht der Geschickteste, was aber nicht am fehlenden Arm lag, sondern an der fehlenden Motivation. Dafür konnte man mit ihm wunderbar über Gott und die Welt diskutieren. Eine der größten Stärken Wilhelms aber war die Fähigkeit, sich selbst und sein eigenes Handeln immer wieder infrage zu stellen. Er war eben Mathematiker, Ingenieur, ein Kopfmensch. „Er hat uns keine Vorträge gehalten, aber er hat sich selbst relativiert", erzählt Herbert.[50] Und das hat er auch von seinen Söhnen verlangt. Als Herbert ihm vor Jahren freudestrahlend mitteilte, dass sein Album „Mensch" erfolgreich durchstarte, war der erste Kommentar seines Vaters daher nicht: „Toll, mein Sohn. Ich bin stolz auf dich!" Nein, Wilhelm sagte zu seinem Jüngsten nur: „Werde mir bloß nicht arrogant!"

Es gibt genügend Eltern, die versuchen würden, die Prominenz ihrer Kinder für sich selbst gewinnbringend auszunutzen. Tony Tarantino ist so ein Beispiel. Der Vater des Kultregisseurs ließ die Familie im Stich, als sein Sohn gerade mal zwei Jahre alt war. Als Quentin Tarantino mit Filmen wie „Pulp Fiction" und „Reservoir Dogs" in Hollywood gefeiert wurde, tauchte nach 30 Jahren auch sein Vater auf – um sich sein Stück vom Erfolgskuchen abzuholen. Dass Sohn

Quentin über die plötzlich aufkeimende Vaterliebe nicht gerade entzückt war, kann sich jeder denken. Das Unternehmen „Silver Foxies", gegründet von Produzent David Krieff, macht genau damit ein kleines Vermögen. Die Firma vereint die Eltern mehrerer Superstars, darunter Al Pacinos Vater Sal, Patrick Swayzes Mutter Patsy, Cindy Crawfords Mutter Jenny und eben auch Tony Tarantino, um Trashfilme und Fitnessvideos unters Volk zu bringen. Und da sich mit einem fett gedruckten prominenten Familiennamen so ziemlich alles verkaufen lässt, floriert das Geschäft.

Wilhelm Grönemeyer war da anders. Wohl auch deshalb, weil er den Wert von Geld und Ruhm richtig einzuschätzen wusste. Für ihn zählten andere Dinge. „Es gibt im Leben nur eines, und das sind Freundschaften. Das ist das Einzige, was dir bleibt", gab er seinem Söhnen als wichtigste Lektion mit auf den Weg.[51] Herberts Vater hat bis zum Schluss seine Freundschaften gepflegt, ob aus Studien- oder Kriegszeiten, lud die Freunde zum Essen ein, fragte sie um Rat. Seine Freunde waren ständig um ihn herum, auch als er wusste, dass seine Zeit zum Gehen gekommen war. Als Wilhelm Grönemeyer im Sterben lag und sich von seiner Familie verabschiedete, wirkte er nervös. Er wusste nicht, wie er mit dieser Situation umgehen sollte, weil er seinen Kindern gegenüber wohl keine Schwäche zeigen wollte. Herbert Grönemeyer erinnert sich noch daran, wie sein Vater schließlich die engsten Freunde zu sich ans Sterbebett holte und plötzlich ruhig wurde. Sie nahmen ihm die Angst. Wilhelm Grönemeyer starb mit 87 Jahren im Kreise seiner Freunde und Familie. Einsam war er nie.

Wie viel sein Vater ihm bedeutete, zeigt Herbert Grönemeyer wie immer mittels seiner Musik. Der Song „Blick zurück" aus dem Album „Mensch" ist ein verklausulierter Brief an den Vater. Grönemeyer singt darin über ihn als mutigen Kriegsheimkehrer, als einarmigen Banditen. Als jemanden, mit dem sich das Glück läppert, als Sinnbild für 80 Jahre Zufriedenheit. Dieses Beispiel ruft sich der Sänger immerfort vor Augen. Grönemeyers berührendsten Songs liegt oft eine private Tragödie zugrunde. Anlässlich der Demenzerkrankung seiner Mutter 2011 setzte er sich ebenso an sein geliebtes, ihn stets tröstendes Klavier. Auch wenn das Lied „Deine Zeit“ („Schiffsverkehr“) keinesfalls ein bitteres Lied sein soll. Emotional? Ja. Traurig? Nein! „Meine Mutter sieht gut aus, ist fröhlich. Es ist also kein tragischer Zustand, dennoch hat sich ihr Kopf auf Wanderschaft begeben“, hat er es damals beschrieben.[52] Die Gespräche mit ihr seien schwierig geworden. Sie vergesse oft innerhalb weniger Sekunden, worüber sie gerade eben noch gesprochen hätten. Seine Mutter erkenne ihn zwar noch, aber für Grönemeyer sei es ein trauriger „Abschied auf Raten“. Auch wenn die Krankheit etwas sehr Rührendes habe, weil seine Mutter in vielen Situationen viel leichtfüßiger durchs Leben gehe. Es gibt viele Arten, Alzheimer zu beschreiben und damit umzugehen. Manche erklären die Krankheit damit, dass unser Gehirn mit einer prall gefüllten Bibliothek zu vergleichen sei, bei der im Laufe der einzelnen Stadien immer mehr Bücher aus dem Regal fallen, bis die Regale und damit unsere Erinnerungen leer geräumt sind. Herbert Grönemeyer stellt sich die Krankheit vor, so als würde man mit weißer Tinte auf weißem Papier unterschreiben. Und er singt davon, dass man einfach nur mit dem Herzen sehen müsse, um die Welt eines Demenzkranken begreifen zu können. Eine schönere Weise zu sagen: „Mama, ich vergesse dich nicht“, wie in diesem, seinem Lied, gibt es nicht.

Zwillinge im Geiste

Rein optisch gesehen, hielt man Herbert und seinen zwei Jahre älteren Bruder Wilhelm für Zwillinge. Die beiden „kleinen" Grönemeyer-Buben sahen sich erstaunlich ähnlich. Wer nur einen kurzen Blick auf einen der zwei erhaschte, konnte sich daher nie ganz sicher sein, wen von beiden er denn nun tatsächlich gesehen hatte. In ihrer Art allerdings waren sie von Zwillingen weit, weit entfernt. Zu behaupten, sie seien wie Hund und Katz gewesen, wäre sicherlich übertrieben. Aber Wilhelm, der mittlere der drei Grönemeyer-Brüder, war eher introvertiert, still, unauffällig und keine Rampensau wie Nesthäkchen Herbert – jedoch nicht minder kreativ. Auch wenn seine Leidenschaft eher der Kunst galt. So machte er sich nach dem Abitur einen Namen als Galerist, gab jungen Talenten eine Plattform, eröffnete eine Kunstgalerie im Westerwald sowie ein Atelier für ökologisches Holzspielzeug. Für das Showbusiness hatte Wilhelm nie viel übrig, er zeigte sich auch nicht so politisch interessiert wie Herbert. Vielmehr zog er ein eher beschauliches Leben vor, wohnte mit einem Freund und zwei Katzen in einer Schreinerei im Nachbardorf Dellingen. Über seinen Bruder Herbert sagte er: „Seine Musik spricht mich zwar an, aber sonst macht er eben ganz andere Sachen als ich."

Zwischen Herbert und seinem ältesten Bruder Dietrich war das Verhältnis seit jeher ein sehr inniges. „Wir sind Fans voneinander und lieben uns … Wir sind sicherlich an vielen Stellen Zwillinge im Geiste", beschreibt es Dietrich, pardon, Prof. Dr. Dietrich Herbert Wilhelm Grönemeyer. [53] So viel Zeit muss sein. Der älteste Bruder trägt sinnigerweise seine beiden kleinen Geschwister im Namen mit sich. Viele halten Prof. Dr. Dietrich Grönemeyer, seines Zeichens ausgewiesener Rückenexperte und innovativer Radiologe, für Deutschlands berühmtesten Arzt. Und in der Tat liest sich seine Vita mehr als beeindruckend: Geboren am 12. November 1952 in Clausthal-Zellerfeld. 1976 Studium der Romanistik und Sinologie in Bochum sowie der Humanmedizin in Kiel. 1982 Promotion, 1990 Habilitation an der Universität Witten/Herdecke. 1996 Berufung auf den Lehrstuhl für Radiologie und Mikrotherapie an der Universität Witten/Herdecke. 1997 Gründung des Grönemeyer Instituts für Mikrotherapie auf dem Campus der Ruhr-Universität Bochum. 2007 Gründung der Dietrich Grönemeyer Stiftung. Der Ehrenbürger des Ruhrgebiets wurde für seine Arbeit in der medizinischen Forschung mit zahlreichen Titeln gewürdigt: 1997, 1998 und 2000 ernannte ihn das American Biographical Institute zum „Man of the Year". 1999 erhielt er die Auszeichnung „Man of the Millennium" des International Biographical Center Cambridge in England. 2003 wurde er mit dem „World Future Award" bedacht und darüber hinaus zum „Weltbürger des Jahres" gewählt. Nebenbei ist er Ehemann, Vater von drei Kindern und Bestsellerautor. „Der kleine Medicus" (2005) wurde sogar verfilmt. Seit Jahren plädiert Prof. Dr. Grönemeyer zudem für die Einführung von Gesundheitsunterricht an Schulen und ist regelmäßiger Gastredner – wann schläft dieser Mann?! – im Rahmen der „Kinderuniversitäten", u. a. mit Vorträgen wie „Wie kommen die Pommes in den Magen?" oder „Die Seele, das coolste Körperteil".

Der Titel „Weltbürger" lässt sich kaum toppen. Doch die Grönemeyer-Brüder sind beispielhaft dafür, dass der rebellische Nachkömmling die überragende Nummer eins eben doch überholen kann. Die Berühmtheit seines Bruders Herbert sei für Dietrich Grönemeyer anfangs allerdings nachteilig und schwierig für den Umgang mit seinen Kollegen gewesen. „Jetzt macht der da auch Rockmedizin", bekam er mehr als einmal zu hören. Solche von Vorurteilen und Missgunst geprägten Aussagen gingen ihm sehr lange sehr nahe. Für seine Botschaft allerdings wünscht sich Dietrich ähnlich hohe Resonanz, wie sein Bruder sie für die Lieder erfährt. Dann wäre die Welt sicherlich ein Stückchen gesünder.

Zu einem gewissen Ruhm gelangte noch ein weiterer Grönemeyer: Vetter Wilhelm, der Dritte mit dem Namen Wilhelm Grönemeyer im großen Grönemeyer-Clan, der mehr als 130 Familienmitglieder zählt. Vetter Wilhelm ist Salzproduzent im niedersächsischen Lintorf, dem Stammsitz der weitverzweigten Familie. Der erste Grönemeyer kam 1426 nach Lintorf. Ein Gemüsebauer, wie der Name vermuten lässt. Ein Meier war ursprünglich ein Verwalter oder Pächter eines bäuerlichen Landgutes, und das „Grün" im Namen ist selbsterklärend. Bis 2022 hat Wilhelm Grönemeyer noch das Salzmonopol im Osnabrücker Land und schwärmt über sein Produkt nicht unbescheiden: „Wir machen das beste Salz!" Nur wisse es die Welt noch nicht. Immerhin weiß die Verwandtschaft sein Produkt zu schätzen. So esse Cousin Dietrich jeden Morgen Vollkornbrot mit Butter und seinem Salz, erzählt er. Auch Herbert wird mit dem hauseigenen Salz beliefert: „Außerdem lutscht er meine Salzbonbons", freut sich Wilhelm. Es kann schon mal passieren, dass Wilhelm, wenn er als Botschafter in Sachen Salz unterwegs ist, einen Vortrag mit den Worten eröffnet: „Ich bin zwar mit Herbert verwandt, aber Freikarten für sein Konzert gibt's bei mir nicht."[54] Wilhelm räumt offen ein, dass der Name Grönemeyer ihm natürlich bei der Vermarktung seines Produkts helfe. Aber er will sein Licht auch nicht unter den Scheffel gestellt sehen. Schließlich wurde er mit seinen Katzenbildern lange vor seinen Vettern Herbert und Dietrich berühmt. 30 Jahre lang arbeitete er erfolgreich als Illustrator für verschiedene Firmen, entwarf und bemalte Tassen, Becher, Teller. Bis er eben das Haus am Familienstammsitz erbte und Salzbauer wurde. Onkel Wilhelm, der Vater seiner Cousins, habe vor vielen Jahren einmal anerkennend zu ihm gesagt: „Wenn Dietrich und Herbert mal nur schon so weit wären."

Die Familientreffen am Nordrand des Wiehengebirges sind mit den Jahren sehr selten geworden. „Jeder ist beschäftigt. Keiner hat mehr Zeit“, bedauert Vetter Wilhelm Grönemeyer. „Als Onkel Wilhelm noch lebte, hielt der alles zusammen“, beschreibt es der Salzbauer. Wenn der einen Raum betrat, war der voll. An eine Geschichte von früher erinnert er sich am liebsten: „Er hatte ja nur einen Arm. Der andere war im Krieg geblieben. Als mein Sohn noch klein war, hat er manchmal mit der Prothese gespielt, und wenn Onkel Wilhelm dann gehen wollte, kam meine Mutter und sagte: ‚Onkel Wilhelm will jetzt seinen Arm wiederhaben‘“.[55] Leider hat der Tod in der Familie eine klaffende Wunde hinterlassen, die bis heute nicht verheilt ist.

Anna

Hamburg, Anfang der 70er-Jahre. Im legendären Kiezkino „Aladin“ lockten Streifen aus dem St.-Pauli-Milieu mit fantasievollen Titeln wie „Erotik in der Folterkammer“ die Menschen scharenweise ins Kino. Überall an den Wänden prangerten Schmierereien den Mietwucher an. Es war die Zeit des aufkommenden Spießbürgertums und derer, die sich dagegen auflehnten. Wie jene Hippies, die sich mit ihren bunten Hemden und den Schlaghosen vor der Diskothek „Nach acht“ und der Pöseldorfer Kultkneipe „Zwick“ tummelten. Der Duft von Freiheit und Haschisch lag in der Luft. Das berühmteste Lächeln der deutschen Flower-Power-Bewegung gehörte damals Uschi Obermaier, die an der Seite von Rainer Langhans der Berliner „Kommune 1“ zu medialem Ruhm verhalf. Auch an der Elbe kannte die hübsche Obermaier natürlich jeder. „Doch unsere heimliche Königin war Anna“, erinnert sich der bekannte Hamburger Fotograf Günter Zint an die junge Frau mit den langen braunen Haaren, die zu jener Zeit dabei war, sich als Schauspielerin einen Namen zu machen, und die ohne großes Aufsehen die Hamburger Hippieszene verzauberte. Ein Kulturkritiker bezeichnete sie als eine faszinierende Mischung aus Verletzlichkeit und Herausforderung, schrieb: „In Anna war jeder verliebt.“

Allen voran Herbert Grönemeyer. Dass zwei Menschen, die so unterschiedlich sind in ihrer Biografie, in ihrem Denken und Handeln wie Herbert und Anna – selbst der Musikgeschmack ging auseinander –, ja, dass zwei so grundverschiedene Menschen so glücklich miteinander werden konnten, hätte keiner gedacht. Der Sänger selbst am wenigsten. Er sagt nicht ohne Grund, dass bei Anna und ihm zwei Welten aufeinandergeprallt sind.

Annas Welt begann in ebenjenem Hamburg-Pöseldorf. Am 9. März 1953 wurde sie als Anna Brigitte Frieda Henkel geboren. Ihr Vater arbeitete als angesehener Ingenieur bei der Lufthansa, ihre Mutter kümmerte sich um den Haushalt. 1968 starb ihre Mutter an Brustkrebs. Ob sie die Veranlagung für Brustkrebs in ihren Genen trug, die sie tragischerweise an ihre Tochter vererben sollte? Anna, damals 15 Jahre alt, sagte hinterher, dass der Tod ihrer Mama sie regelrecht aus der Bahn geworfen habe. Alles war ihr damals zu viel. Das Leben, die Schule. Nach der 10. Klasse ging sie ab. Sie verriet später einmal, dass sie Depressionen und Selbstmordgedanken hatte, weil sie mit ihrer Zukunft nichts anzufangen wusste. Mit 18 Jahren zog sie zu ihrem damaligen Freund, verkaufte selbst gemachte Ledermode und Gürtel und verlor sich mehr und mehr im Hamburger Nachtleben rund um das „Zwick". Es waren eben die Hippiejahre. Jeder dachte, man werde schon irgendwie durchkommen. Hauptsache, kein langweiliges Spießerdasein führen.

Die schöne Anna wurde oft fotografiert, weil in Hamburg das bunte Volk von Pöseldorf immer fotografiert wurde. Vielleicht auch, weil sie von ihrem Aussehen so sehr an Uschi Obermaier erinnerte. Braune, schulterlange Mähne, rehbraune Augen, Kussmund, schlanke Figur. Anna war Hamburgs Uschi, ihre Ausstrahlung nicht minder entwaffnend. Und so entdeckte sie eines Tages Regisseur Peter Fleischmann – und besetzte Anna für die Hauptrolle in seinem Film, der Erfolg und Skandal zugleich werden sollte: „Dorotheas Rache"! Die damals 20-Jährige splitterfasernackt im Bett mit vier jungen Männern gleichzeitig. Selbst in den freizügigen 70ern sorgte dieser Kinofilm für einen Aufschrei. Die Handlung ist schnell erzählt: Dorothea ist 17 Jahre alt, geht aufs Gymnasium und wohnt mit ihren Eltern in Hamburg in finanziell ordentlichen Verhältnissen. Ihr Vater hat eine florierende Fabrik, die vernachlässigte Mutter dagegen zwei Liebhaber – und Dorothea selbst ist auf der Suche nach der Liebe. Gemeinsam mit ihrer Clique dreht sie mit einer Super-8-Kamera eine Persiflage auf die Aufklärungsfilme wie „Schulmädchenreport“, versucht sich zum Spaß als Prostituierte und zieht mit ihren Freunden schließlich aufs Land, wo sie in einer Kommune die freie Liebe ausleben. Der Film sollte als Reaktion auf die Sex- und Pornowelle der frühen 70er-Jahre schockieren – und das tat er.

Nichtsdestotrotz, Anna war darin brillant. Sie spielte diese Rolle mit einer großen inneren Sicherheit, so als ob sie die Verletzungen und die Enttäuschungen der Liebessuche selbst kennen würde, beschrieb es der Fotograf und Wegbegleiter Günter Zint. In Frankreich und Italien wurde der Film als Paradestück des neuen deutschen Kinos gefeiert. Nach ihrer Rolle in Ulrich Schamonis „Chapeau Claque“ lobte der französische Regisseur Claude Chabrol die damals 21-Jährige sogar als das größte Nachwuchstalent, über das Deutschland zu jener Zeit verfüge. Der Höhepunkt ihrer Schauspielkarriere folgte mit dem Epos „1900“, in dem sie 1976 neben Hollywoodstars wie Robert De Niro, Gérard Depardieu, Burt Lancaster und Donald Sutherland vor der Kamera stand. Anna hatte zu diesem Zeitpunkt längst Schauspielunterricht in Hamburg, trat dort auch im Schauspielhaus auf. Und wer weiß, wie ihre Karriere verlaufen wäre, wenn sie nicht das Angebot von Regisseur Jürgen Flimm angenommen hätte. Denn bei den Dreharbeiten zu dessen Film „Uns reicht das nicht“ im Jahre 1978 lernte sie die andere damalige deutsche Schauspielhoffnung kennen – ihren späteren Ehemann Herbert Grönemeyer.

In jenen Jahren engagierte Peter Zadek am Bochumer Schauspielhaus einen Jungen, der ein Jahr vor dem Abitur stand und am Klavier schwierigste Sachen vom Blatt spielen konnte. Zadek beschrieb Herbert Grönemeyer als eine Art Wunderkind, ein wenig verbissen, aber fast schon genial, wenn er musiziere. Der Ruf Grönemeyers als neuer Publikumsliebling, der die Theatersäle von Hamburg bis Köln füllte, erreichte auch Jürgen Flimm. Und so besetzte der Regisseur als männliches Pendant zu Anna Henkel ebendiesen Herbert Grönemeyer. Der Sänger mimte den arbeitslosen Schlosserlehrling Gerd, der sich mit seiner Freundin Anna (gespielt von Anna Henkel) und seinen beiden Kumpels Jörg (Uwe Ochsenknecht) und Thomas (Thomas Philippi) die Zeit mit Musik, Motorrädern und Feiern vertreibt. Doch das alltägliche Gammeln mündet in einer Katastrophe: Bei einer gemeinsamen Motorradtour wird Jörg von einem Autofahrer von der Straße gedrängt und stirbt noch am Unfallort. Fahrerflucht. Gerd und Thomas beschließen, den Mann, der ihren Freund auf dem Gewissen hat, zu suchen … Auch wenn sowohl Herbert Grönemeyer als auch Uwe Ochsenknecht sich mit dieser Filmperle für den Oscar-nominierten Klassiker „Das Boot" empfahlen, der drei Jahre später in die Kinos kam, so wurde die schauspielerische Leistung des Sängers nicht von allen gelobt. „Am interessantesten an ihm waren die fleischigen Oberarme", lautete einer der eher unschönen Kommentare über Grönemeyers Darbietung, der zu diesem Zeitpunkt die roten Haare übrigens noch schulterlang trug. Aber die negativen Kritiken waren ihm egal. Denn dieser Film sollte Herbert Grönemeyer letztlich nicht nur seine erste Platte bescheren – den Soundtrack lieferte seine damalige Band Ocean Orchestra –, sondern auch die Liebe seines Lebens.

Eine Liebe auf den ersten Blick war es nicht. „Aber eine monumentale auf den zweiten Blick", beschreibt es Herbert Grönemeyer. Anna war nun mal eine typische Hamburgerin, relativ ruhig, ein wenig unnahbar. Dazu noch drei Jahre älter. Er dagegen zählte zur Kategorie Frohsinnsbolzen aus dem Ruhrgebiet, der ihr mit seiner guten Laune mehr als einmal auf die Nerven ging. Doch gerade diese Unterschiedlichkeit der Charaktere faszinierte die beiden aneinander. Sie spürten, dass sie sich gegenseitig ergänzen, ja vervollständigen konnten. Während sie sich zu Beginn der Dreharbeiten noch schockiert ansahen, weil sie vor der Kamera ein Paar spielen sollten, lernten sie den anderen im Laufe der nächsten Wochen immer besser kennen. Die vielen Unterbrechungen am Set entpuppten sich schließlich als prima Gesprächspausen. Eines Tages, sie standen auf dem Balkon eines Bungalows und warteten mal wieder, bis die Kulisse neu umgebaut wurde, sei wie aus heiterem Himmel irgendwo ein Blitz eingeschlagen. Die Doppeldeutigkeit des Wortspiels war ihnen erst später bewusst. Jedenfalls küssten sie sich, und „dann war die Sache geklärt".

„Ich versuche, eine Platte zu machen, so intensiv wie möglich, wie ich auch jemanden küssen würde. So einfach. Fertig", sagte Herbert Grönemeyer später einmal.[56] Seit er Anna küsste, wurden seine Platten von Mal zu Mal besser. Mit dem sicheren Gefühl, geliebt zu werden, traute sich der Sänger endlich, die Musik zu machen, die ihm gefällt. Was sollte denn auch passieren? Wenn man eine Frau an seiner Seite weiß, die einen bedingungslos unterstützt, ist das so etwas wie ein unzerstörbarer Unterbau, der alles stabilisiert. Anna wurde nicht nur seine Muse und Kritikerin. Sie wurde auch immer wieder von ihm selbst zum Thema gemacht. All seine Liebeslieder bezogen sich entweder auf sie oder waren rein rhetorischer Natur. Der Sänger sagte, dass er genug Frauen kennengelernt habe – aber keine wie Anna. Die eine oder keine. Im Album „Total egal" benennt er sogar gleich ein ganzes Lied nach ihr. Und wenn er singt: „Meine Poesie, die mochtest du noch nie" weiß man, was Anna davon wirklich hielt. In der Tat konnte sie mit dem Zeug nicht viel anfangen, verrät Grönemeyer. Trotzdem ließ es sich Anna nicht nehmen, ihn regelmäßig in seinem Studio zu besuchen. Edo Zanki überredete sie damals sogar, bei einem Lied mitzusingen. Im Chor von „Kaufen" auf der Platte „Gemischte Gefühle" ist sie zu hören.

Auch wenn für sie die Schauspielerei Beruf und Berufung zugleich war, in dem Moment, wo sie sich für eine Zukunft mit Herbert entschied, entschied sie sich gegen ein Leben auf der Leinwand. Es gelang ihr, dass kaum jemand ein aktuelles Foto von ihr besaß, auf dem sie sich nicht hinter einer dunklen Sonnenbrille versteckte, und das Privatleben wurde ihr zunehmend heiliger. Sie zog es darum vor, auf der öffentlichkeitsabgewandten Seite zu stehen, von wo aus sie das Wirken ihres Mannes konzentriert verfolgen konnte. Denn was das Rampenlicht den Menschen abforderte, erschien ihr zwischenzeitlich als ziemliche Zumutung. Sie mochte nicht öffentlich reden, und noch weniger mochte sie sich interpretieren lassen. Sie fand den Erfolg, der über ihn einbrach, zwar faszinierend, aber es war auch die Sehnsucht da, in einer anderen Welt zu leben. Als Betroffener ist so etwas manchmal eben nur sehr schwer auszuhalten. Die beiden beschlossen darum, aus ihrem privaten Leben eine Festung zu machen. Sie zogen nach Köln, später nach Berlin und London. Die Geburt der Kinder Felix (* 4. Mai 1987) und Marie (* 31. Juli 1989) hielten sie anfangs so geheim, dass sich Herbert Grönemeyer beim ersten Kind in der Klinik weigerte, dessen Namen anzugeben. Auch über die Hochzeit 1993 sprachen sie kein Wort. „Ich stelle meine Musik zur Debatte und gelegentlich meine politische Meinung. Mehr nicht", betonte Herbert Grönemeyer. Warum bitte soll jemand Fremdes das Recht haben zu erfahren, wie es bei ihm zu Hause zugeht? Abgesehen davon, sei der Alltag relativ langweilig und normal. Wie eben der Alltag mit zwei kleinen Kindern so ist. Von Branchenevents oder glamourösen Feiern hielt sich Herbert Grönemeyer darum, so gut es ging, fern. „Das bin ich nicht", sagte er. Und das brauche er nicht. Wenn er sich mit Leuten wie Smudo oder Campino treffen wolle, gebe es andere Gelegenheiten, da bedürfe es keiner dieser sogenannten Prominentenpartys, wo jeder noch so unbedeutende Gesprächsfetzen von Fotografen und Journalisten ausgeschlachtet werde.

Herbert und Anna lebten jahrelang sehr glücklich hinter diesen Schutzwällen, und nur wirklich enge Freunde wussten, welch furchtbares Schicksal sich dahinter anbahnte. Welch Tragödie über ihn und Anna einbrechen sollte. Gerade in so einem Moment begreife man, dass man das große Glück habe, zu zweit zu sein, so Grönemeyer. Nach dem Tod seiner Frau ahnte man, was er damals meinte.

Am 20. Januar 1993 heiratete Grönemeyer seine Lebensgefährtin Anna Henkel. Zu diesem Zeitpunkt tobte der tödliche Feind bereits seit drei Jahren in ihrem Körper. Es scheint, als habe der Künstler bereits in den ersten Jahren ihrer Beziehung eine düstere Vorahnung vom Ende seiner lebensbejahenden Frau gehabt. In seinem Lied „Anna“ singt er: „Du bist dir sicher, du wirst nicht alt.“

Dieser verfluchte Krebs!

Die schlimmsten Schicksalsschläge seines Lebens trafen ihn im November 1998 völlig unvorbereitet. In der Nacht zum 1. November, einem Sonntag, starb sein älterer Bruder Wilhelm an Leukämie. Nur vier Tage später verlor auch seine Frau Anna den Kampf gegen den Krebs. Unvorbereitet deswegen, weil Herbert Grönemeyer diese bittere Wahrheit bis zum Schluss nicht wahrhaben wollte. Selbst in der Woche, als der Tod sich abgezeichnet habe, habe er das nicht sehen wollen, nicht sehen können, erinnert sich der Sänger. „Das war so massiv und so absurd, dass man einfach wie betäubt ist. Als wenn man nichts mehr spürt.“[57] Grönemeyer dachte die ganze Zeit, dass es zu packen sein müsste. Da war nichts vorzubereiten.

Bereits 1990 bekommt Anna Henkel die schreckliche Diagnose: Brustkrebs! Genau wie einst ihre Mama. Man kann sich vorstellen, wie unsagbar hart diese Nachricht sie getroffen haben muss. Plötzlich zurückversetzt ins Teenageralter, als dieser Brustkrebs ihr die Mutter nahm. All diese Bilder, die Verzweiflung, die Tränen, die pure Angst. Sie wusste selbst am besten, wie schlimm es war, die eigene Mutter zu verlieren. Sie hatte es ja am eigenen Leib erfahren. Als Anna die Diagnose bekam, war sie bereits zweifache Mutter. Mutter von zwei kleinen Kindern. Wenn es um das Wohl des eigenen Nachwuchses geht, entwickeln Mütter ungeahnte Kräfte. Sie werden zu Löwinnen, die ungeachtet der eigenen Gesundheit alles dafür tun, um das Liebste in ihrem Leben zu beschützen. Acht Jahre lang hat Anna sich darum tapfer gegen den Tod gestemmt, für ihre beiden Kinder, für ihre Familie. So lange, bis ihr irgendwann die Kraft ausging.

Was an diesem Tag der Diagnose durch Annas Kopf gegangen ist, wird die Welt nie erfahren. Sowieso sollte überhaupt niemand von ihrer Krankheit wissen. Dabei scheint der öffentliche Kampf gegen den Krebs vielen Promis mittlerweile nur konsequent. Wer öffentlich lebt, verhandelt dort auch sein Schicksal. Den Anfang machte Hildegard Knef. Als die große deutsche Diva in den 70er-Jahren mutig bekannte, dass sie Brustkrebs habe, brach die Frau, die bekanntlich selten ein Blatt vor den Mund nahm, ein Tabu. Über Krebs sprach man zu jener Zeit nicht. Krebs bedeutete – meistens – den Tod. „Hilde" besiegte den Brustkrebs und erlebte noch viele Jahre, wenn auch aus vielen Gründen nicht bei bester Gesundheit. In Australien nannte man es den „Kylie-Effekt". Als Popsängerin Kylie Minogue 2005 öffentlich ihren Brustkrebs thematisierte, stieg die Quote der Mammografien auf dem Fünften Kontinent um 40 Prozent. Vor allem jüngere Frauen ließen sich untersuchen, aus ärztlicher Sicht erfreulich. Auch US-Sängerin Anastacia ging sehr offensiv mit der Krankheit um, die ausgerechnet entdeckt wurde, als sie sich die Brust verkleinern lassen wollte. Kameras begleiteten die Rockröhre sogar im Krankenhaus, sie filmten ihre Tränen und ihre Hilflosigkeit. Der Sängerin war es nach eigenen Worten ein Anliegen, Frauen in aller Welt Mut zu machen. Ihnen zu zeigen: Der Krebs lässt sich besiegen. Doch ist das so? Dass nicht alle Frauen so viel Glück haben wie Sylvie Meis, Miriam Pielhau oder Sheryl Crow, vergisst man dabei schnell. Barbara Rudnik konnte keine ärztliche Kunst mehr helfen. „Man hört die Worte und begreift die Wahrheit erst ganz langsam", sagte sie in einem Interview. 2005 erfuhr die Schauspielerin, dass sie Brustkrebs habe, auch Leber und Knochen waren bereits befallen. Vier Jahre später starb sie.

Anna Henkel legte auf diese Form der öffentlichen Therapie keinen Wert. Tatsächlich wusste selbst aus ihrer engsten Umgebung kaum jemand davon. Dass Anna an Brustkrebs erkrankt war, hat bei Grönemeyer zu einem gewissen Überprotektionismus geführt. Es genügte schließlich vollends, dass das Thema Krebs bereits innerhalb der Familie allgegenwärtig war. „Da fängt der Kopf an, völlig anders zu arbeiten", schildert es der Sänger im Nachhinein. Alles sei im Alltag viel mehr in Alarmstimmung als sonst. Es ist schwer, einen kranken Menschen nicht mehr nur als Patienten zu sehen, sondern eben als den, der er eigentlich ist. Denn jeder Husten, jedes noch so kleine Stöhnen wird bewertet und analysiert. Die Leichtigkeit, die Unbeschwertheit im Umgang miteinander, sie wird bei so einer Krankheit immer schwieriger bis fast unmöglich. „Es gibt innerhalb von fünf Jahren immer ein paar Minuten, in denen das Leben einfach klasse ist", sagte Herbert Grönemeyer einmal.[58] „Dazwischen sind Frust und Depression und Tragik und Drama." Längst war die Familie zu diesem Zeitpunkt nach London geflüchtet. Die richtige Entscheidung, denn Annas Zustand schien sich gebessert zu haben. Neue Kräfte wurden gesammelt. Neue Hoffnungen geschöpft. Herbert Grönemeyer stellte im April 1998 sogar frohen Mutes seine neue Platte „Bleibt alles anders" vor. Auch auf Tournee wollte er gehen. Doch nur einen Monat später grätschte das Schicksal erneut dazwischen. Im Mai 1998 wurde bei seinem Bruder Wilhelm Leukämie diagnostiziert.

Die nächsten Monate glichen einer Odyssee. Wer jemals miterlebt hat, dass ein geliebter Mensch eine Chemotherapie machen muss, wie die Hoffnung mit jeder neuen Infusion stärker und mit jedem anschließenden Kopfschütteln der Ärzte schwächer wird, weil die Therapie wieder nicht angeschlagen hat – der weiß, was die Familie Grönemeyer in diesen Wochen durchmachen musste. So etwas wünscht man seinem schlimmsten Feind nicht. Wilhelm Grönemeyer musste in Köln zur Chemotherapie, doch die Krebszellen ließen sich nicht besiegen. Der nächste Schritt: eine Stammzellen- beziehungsweise Knochenmarktransplantation. Nur rund 40 Prozent aller Patienten, die einen entsprechenden Eingriff benötigen, haben einen idealen Spender in ihrer Familie. Normalerweise ist dies, wie im Fall Grönemeyer, ein Bruder oder eine Schwester. Für die anderen 60 Prozent muss nach einer passenden Person gesucht werden. Beide Brüder, sowohl Herbert als auch Dietrich Grönemeyer, stellten sich für eine Knochenmarktransplantation zur Verfügung. Sie zögerten nicht eine Sekunde. Bei Dietrich Grönemeyer allerdings stimmten die Gewerbemerkmale nicht überein. Die Spende seines Bruders Herbert war für Wilhelm daher die letzte Chance zu überleben. Herbert ließ sich das Knochenmark aus dem Beckenring saugen. Der Eingriff dauerte nur 45 Minuten, die Warterei, ob die Transplantation den Krebs besiegen werde, fühlte sich dagegen schier endlos an.

Das Warten, Bangen, Hoffen ... es zermürbte die Familie. Dass Herbert Grönemeyer die Tournee erst einmal verschob, konnte jeder verstehen. Grönemeyers damaliger Berater Jürgen Otterstein erklärte nach dem Eingriff gegenüber der Presse, dass Grönemeyer nicht in der Verfassung sei, seine Konzertreihe wie geplant durchzuführen. Körperlich gehe es ihm zwar gut, auch wenn eine Knochenmarkspende natürlich kein Spaziergang sei. „Es ist die Seele, die ihn belastet", sagte Otterstein. Erst viel später, als Herbert Grönemeyer über diese Situation sprechen konnte, sagte er, dass sein Bruder „Übermenschliches" geleistet habe: „Wo sie den hingebeamt haben!" Dreimal bestrahlt mit „Tschernobyl", dann noch einmal behandelt mit Chemotherapie. Und schließlich haben sie ihm seine Stammzellen gegeben. Vielleicht konnte Wilhelm einfach nicht mehr, resümiert Herbert. Für Dietrich Grönemeyer war es nicht minder schlimm. Ihm, dem renommierten Professor, dem Krebsspezialisten, waren ebenfalls die Hände gebunden. Er musste als großer Bruder und als Arzt gleichermaßen hilflos mitansehen, wie sein kleiner Bruder sich in einem lebensgefährlichen Zustand zwischen Vergiftung und Abwehrreaktion des angehenden Knochenmarks befand. „Die Anstrengungen und Schmerzen kann man sich nicht vorstellen", sagte er. Was da passierte, habe er als Krebstherapeut in dieser Form noch nie erlebt. Trotz des unglaublichen Engagements der Ärzte in Köln und in Berlin starb der Galerist im Virchow-Klinikum der Berliner Charité. „Anfangs schien die Therapie Erfolg versprechend. Doch am Ende waren die Bemühungen umsonst", hieß es nun in einer knappen Stellungnahme der Familie. Weiteres wolle man nicht dazu sagen.

Am 9. November 1998 wurde Wilhelm Grönemeyer auf dem Bochumer Friedhof in der Wiemelhauser Straße beigesetzt. „Wir sehen uns wieder, wenn du wiederkommst. Anna, Herbert, Felix und Marie", stand auf dem sonnengelben Kranz, der vor dem Holzkreuz fast wie ein tröstendes Licht wirkte. Zu diesem Zeitpunkt war Anna bereits tot.

In den letzten Monaten vor ihrem Tod wirkte Anna stark abgemagert. Die Krankheit hatte sichtlich ihre Spuren hinterlassen. Herberts Tourveranstalterin Margarita Sow erinnert sich, dass Anna ihn während der Tour oft besuchte, „aber sehr mager aussah". Auch Margarita Sow wusste nichts von der Krebserkrankung. Da Anna schon immer sehr schlank war – oder wie es Grönemeyer selbst in seinem Song „Anna" formulierte: „schon eher magerkrank" – , schöpfte sie auch keinen Verdacht. Dabei war Anna zu diesem Zeitpunkt seit Jahren in Behandlung gewesen – sowohl in London als auch in der Frauenklinik der Universität Kiel. Als Herbert Grönemeyer sich im Herbst 1998 nach London zurückzog, hieß es, er wolle sich erholen. Damals stand nur die Krebserkrankung seines Bruders im Fokus. Doch in Wahrheit war er bei seiner Anna in Kiel. Er war bei ihr, als sie an diesem 5. November 1998 für immer einschlief.

Am Dienstag, den 10. November, bestätigte ein Sprecher von Grönemeyers Bruder Dietrich den Tod. Doch da war die Meldung – die Sensationsschlagzeile, so muss man es wohl leider sagen – schon draußen. „Verfluchter Krebs" titelt eine Tageszeitung in großen Lettern. Grönemeyer unfassbar vom Schicksal getroffen, hieß es. Und weiter: Wie viel Leid kann ein Mensch ertragen? Es wurden Fotos gezeigt, unterlegt mit pathetischen Sätzen wie „Eine große Liebe bis in den schrecklichen Tod". Es dauerte nicht lange, bis die ersten Kamerateams sich aufmachten, mit dem Ziel, einem traurigen Herbert Grönemeyer das Mikrofon ins Gesicht zu halten. Sie hatten kein Glück. Der Sänger bestritt zu Anfang vehement, dass seine Frau gestorben sei. Er behauptete sogar, dass es ihr gut gehe. Woraufhin die Presse ihm kurzerhand unterstellte: „Ist er jetzt verrückt?"

Doch kann man jemanden als verrückt bezeichnen, der einfach nur in Stille trauern möchte? Der sich und seine Kinder im schlimmsten Moment ihres Lebens, so gut es geht, beschützen will? Der selbst erst mal begreifen muss, was gerade geschehen war? „Es ist wie nach einer großen Explosion, und man liegt da mit einer Aktentasche und guckt zu, wie alles zerstört ist", beschrieb es der Sänger selbst, als er seine Sprache wiederfand.[59] Die einzigen Zeilen, die ihm damals eingefallen sind, waren die für die Todesanzeige.

Am vorletzten Novemberwochenende 1998 ließ Herbert Grönemeyer in mehreren Tageszeitungen ganzseitige Anzeigen drucken. Es war mehr als nur ein Nachruf, es war eine Hommage an die Frau, die ihm 20 Jahre lang ihr Lächeln, ihre Zuversicht, ihre Liebe geschenkt hatte. „Dein Verlust sprengt alle Dimensionen, Werte, Phantasien", stand darin. Der Sänger nannte sie darin Anna, seine Kinder liebevoll Mamle. Es war bis dato sein größter, öffentlichster Liebesbeweis. Noch nie zuvor hatte er sein Herz so offen sprechen lassen. Als Herbert Grönemeyer 2002 das Lied „Der Weg" aus dem Album „Mensch" veröffentlichte, klingt es wie die vertonte Version seiner Hommage an Anna. Sofort meldeten sich die Kritiker zu Wort, die ihn regelrecht anklagten, nur so offensiv mit seiner Trauer umzugehen, um seine neue Platte zu promoten. Der Vorwurf schien nicht unberechtigt, schließlich hatte Grönemeyer noch vier Jahre zuvor versucht, jegliche Berichterstattung über seine Trauer mit allen Mitteln zu verhindern. Annas Beerdigung fand im engsten Familien- und Freundeskreis statt. Was wäre denn auch passiert, wenn bekannt geworden wäre, wo sie bestattet wurde? Es gäbe sicherlich viele Fans, die – in bester Absicht – das Grab hätten besuchen wollen. Grabtourismus à la Loriot, wo die Menschen gelbe Quietscheentchen auf den Grabstein legen. Nicht zu vergessen die Paparazzi, die sich eine Aufnahme von einem weinenden Grönemeyer an der Ruhestätte seiner Frau mit Sicherheit gerne vergolden lassen würden.

Letztendlich gingen die Medien – darunter einige, von denen man das nicht erwarten konnte – nach Annas Tod mit Grönemeyers Situation überraschend ehrerbietig um. „Das hat mich auch sehr überrascht. Ich hätte nicht gedacht, dass die da so respektvoll herangehen", zeigt sich der Sänger im Nachhinein dankbar.[60] Da war eine pietätvolle Distanz, die er auch als Anna gegenüber sehr würdig empfand. Grönemeyer vermutet, dass das damit zu tun habe, dass er ernst genommen werde. Das sei auch eine Form von Gegenseitigkeit. Er selbst versuche ja auch, mit den Medien respektvoll umzugehen. Die Todesanzeige, sie war seine Form der Gegenseitigkeit. Ein öffentliches Eingeständnis seiner Trauer. Wohl auch mit der Hoffnung verbunden, anschließend doch bitte von genau dieser Öffentlichkeit in Ruhe gelassen zu werden. Danach flüchtete er sich in Schweigen.

Papa, hörst du jetzt auf zu singen?

Als ihre Mutter starb, sagte Herbert Grönemeyers Tochter Marie: „Du hörst aber nicht auf zu singen, Papa." Es war wohl mehr eine Aussage als eine Frage. Schließlich wollte sie darauf sicherlich keine Antwort hören. Vielmehr war es eine Aufforderung, ein kindlicher Befehl von der Tochter an den Vater, ihnen bloß nicht die Musik als letzte Konstante aus ihrem Leben zu streichen. Der Verlust der eigenen Mutter ist tragisch genug. Dann noch den Vater zu erleben, wie er in seiner Verzweiflung auch seine Musik zu Grabe trägt ... es wäre sicherlich für jede Kinderseele zu viel. Die Musik spielt seit jeher die wohl tragendste Rolle in der Familie Grönemeyer. Neben der Liebe natürlich. Das Klimpern am Klavier als leise Melodie der Normalität. „Ich bin auch wegen meiner Kinder zurück auf die Bühne gegangen", sagte er Jahre später. „Für sie bin ich nur dann richtig lebendig, wenn sie mich dort oben sehen."[61] Wie damals beim Fußballspielen. Wenn die Leidenschaft groß genug ist, verschwindet der Schmerz.

Die Musik repräsentiert für seine Kinder seit jeher Sicherheit und Lebensfreude. So sehen sie ihren Vater, so kennen sie ihn. Sie wissen: Solange der singt, ist alles halbwegs okay. Solange er Musik macht, lebt er. Seine Kinder achteten auch genau darauf, was für Lieder ihr Vater nach dem Tod der Mutter singt. Und sie hätten keine Schwäche zugelassen. Diese Stärke, sie erinnert den Sänger so sehr an ihre Mutter. Anna hatte bis zum Schluss dafür gesorgt, dass ihre Kinder sie nie leidend erlebt haben.

„Die Kinder haben sie bis zuletzt nie schwach gesehen. Die haben auch das Ende nicht mitbekommen."[62] Ein unwürdiges Siechtum wollte Anna allen ersparen. Felix und Marie kennen ihre Mutter daher nur lustig und albern, sie tragen ein regelrecht vitales Bild von ihr im Herzen. Anna hatte in der Situation mehr Abstand zu sich selbst, „mehr Leichtigkeit als ich“, sagt Herbert voller Anerkennung. Wenn sie lachte, fühlt es sich an wie unter einem Sauerstoffzelt. Diese Luft zum Atmen, sie fehlte ihm.

Hätte er für seine Kinder nicht stark sein müssen, wer weiß, ob er sich je wieder ans Klavier gesetzt hätte. Er selbst sagte, dass er fürchtete, vielleicht nie wieder Musik machen zu können. Denn wenn man so eine Katastrophe erlebt, wenn man innerhalb weniger Tage zwei Menschen verliert, die einem so viel bedeuteten, ist man völlig hysterisch, zerrüttet und ängstlich.

Vielleicht wäre es ihm leichter gefallen, wenn Anna vor ihrem Tod eine Art Abschiednehmen zugelassen hätte. Aber das tat sie nicht. „Das war nicht ihr Stil“, bestätigt Herbert Grönemeyer. Annas Einstellung war klar: Man zeigt keine Schwäche. Punkt. Aus. Basta. Das Leben ist schließlich hart genug, und dem setzt man nur etwas entgegen, indem man sich härter zeigt. Sie war ihm – das sagt er selbst –, was Haltung und Würde anging, ein deutliches Stück voraus. Sie war ein Mensch, der sich auf das Wesentliche konzentrieren konnte. Wenn bereits alle kopflos über Bord sprangen, blieb sie noch stehen und wartete ab. Um dann überlegt zu handeln. Der Tod wurde darum bis zum Schluss aus dem familiären Wortschatz verbannt. Das bedeutete nicht, dass das Thema verdrängt wurde. Nein, es wurde nur nicht darüber gesprochen. „Wir wussten, worum es geht. Wir haben aber auch gesagt: Wir nehmen das so an“, schildert es Grönemeyer. Ob er sich darum dazu entschlossen hat, nur vier Monate nach Annas und Wilhelms Tod seinem guten Freund Roger Willemsen ein Interview für den „Stern“ zu geben? Weil es ihm guttat, sich all den Kummer von der Seele zu reden? Weil er endlich all das artikulieren konnte, was Anna ihm zuvor untersagt hatte? Weil er jetzt all seine Wut und seine Angst in die Welt herausschreien konnte?

Überhaupt die Angst, sie war auf einmal allgegenwärtig und doch völlig aus Grönemeyers Leben verschwunden. Verschwunden deshalb, weil so ein Schicksalsschlag einen weniger verbissen macht. So tief in den Abgrund geblickt zu haben ist eben auch ein Stückchen Freiheit. Denn was soll bitte noch Schlimmes passieren? Es ist schließlich schon alles an Tragik eingetroffen, mehr noch, als ein einzelner Mensch zu ertragen in der Lage ist. Nur eine Angst ist daher nach Annas Tod geblieben – und die war für Herbert Grönemeyer in der Tat omnipräsent: die Angst um seine Kinder. Wie werden die Kinder groß? Was haben sie für ein Bild vom Leben? Wie ordnen sie diese Tragödie in ihr künftiges Leben ein? Und: Kann er seinen Kindern Felix und Marie, damals elf und neun Jahre alt, über den Verlust ihrer Mutter hinweghelfen? „Ich habe mich oft gefragt: Wie bringe ich sie da durch?", erinnert sich Herbert Grönemeyer.[63] Dem Sänger war es am wichtigsten, ihnen zu zeigen, dass das Leben trotz allem wahnsinnig schöne Momente beinhaltet. Dass es weitergeht, dass es Lachen gibt, Freundschaften, Liebe. Daran hat er immer festgehalten. Und er hoffte, dass sie eines Tages über ihn sagen: Papa, das hast du gut gemacht, du hast uns da gut durchgeschleust. Wobei er darauf achtete, jetzt nicht der mütterliche Übervater zu werden. Er wollte bloß „kein Mappa werden", betont er. Grönemeyer versuchte sich auf das Vatersein zu beschränken – und das war schon schwer genug.

Wie er seinen Sohn Felix zu erziehen hatte, wusste er. Da hat ihm seine eigene Erziehung sehr geholfen. Schließlich hat sein eigener Vater mitgeholfen, gleich drei Buben aufs Leben vorzubereiten. Er musste es ihm also nur nachmachen. Oder tief in sich hineinhorchen, wie er denn so war als Junge früher. Bei Tochter Marie sah die Sache schon ein wenig anders aus. „Als Mann bin ich doch gar nicht in der Lage, die Psychologie eines heranwachsenden Mädchens zu verstehen", klagte Herbert Grönemeyer damals.[64] Als Vater begreifst du einen Jungen besser. Eine Mutter dagegen kann sich in den Kopf eines Mädchens hineinversetzen. Anna hätte die Tricks und Finessen, die weibliche Teenager draufhaben, sofort durchschaut. Das sei ein komplexerer Vorgang, denn Mädels sind in seinen Augen ziemlich gewieft. Und das meinte er gar nicht negativ. Nein, er liebt seine Kinder über alles, beide sind „wunderbar", wie er sagt. Aber er war eben jetzt ein alleinerziehender Vater und musste schauen, wie er ohne Annas Hilfe zurechtkam. Das ging manchmal leichter, denn der Vorteil eines Alleinerziehenden ist, dass die endlosen Diskussionen darüber, was man eigentlich will in Erziehungsfragen, wegfallen. Dagegen fehlte das ausgleichende Element. In einer Partnerschaft kann einer mal richtig auf den Tisch hauen – dann bleibt zumindest noch der andere als Anlaufstelle für das Kind. „Wenn man allein ist, ertappt man sich plötzlich dabei, dass man herumschimpft und eine Stunde später dafür sorgen muss, dass die Dinge wieder eingeordnet werden."*

Die Familie rückte nach diesem traumatischen Ereignis noch enger zusammen. Wenn das überhaupt noch möglich war. Selbst die Zeit der Pubertät, in der Kinder normalerweise anfangen, gegen die Eltern zu rebellieren, gab es im Hause Grönemeyer nicht. Im Gegenteil. „Die sind sogar sehr vorsichtig mit mir umgegangen", sagt er. Obwohl er sich gewünscht hätte, dass seine Kinder sich nicht so reif hätten verhalten müssen. Jedes Kind soll schließlich das Recht dazu haben, sich auch mal grundlos pubertär aufzuführen. Das gehört dazu. Nur einmal ist seine Tochter ausgeflippt, nämlich als ein Jahr nach dem Tod ihrer Mutter plötzlich ihr Meerschweinchen starb. Trotz ihrer erst zehn Jahre hatte seine Marie immer versucht, an

---

* Stern.de, „Man ist Mensch und macht vieles falsch", 29. August 2002, http://www.stern.de/kultur/musik/herbert-groenemeyer--man-ist-mensch-und-macht-vieles-falsch--3637938.html

Mamas Stelle „den Laden zusammenhalten. Da hat sie sich zu viel Verantwortung aufgehalst“, glaubt Herbert.[65] Als ihr Meerschweinchen schließlich starb, konnte sie nicht mehr an sich halten. Plötzlich brach alles aus ihr heraus. Plötzlich waren da nur noch Tränen.

Als alleinerziehender Vater weinst du nicht. Darfst du nicht weinen. Dass seine Kinder da waren, war für Herbert Grönemeyer ein Signal nach vorn. Da kann das Gehirn noch so Amok laufen: „Deine Kinder brauchen dich trotzdem.“ Also funktionierte er. Von leben war keine Rede. Er selbst sagt, dass er nach Annas Tod erst einmal eine schräge Beziehung zum Leben bekommen hat. Er habe zynische Attitüden gekriegt, sich selbst und anderen gegenüber, dabei eine ziemliche Ignoranz entwickelt. Er fühlte sich emotional abgeschottet und kalt in seinen Empfindungen. Sein Gefühlspotenzial war völlig zerschossen. Es hat lange Zeit gedauert, überhaupt wieder empfänglich für Gefühle zu werden.

Dabei half ihm die Unterstützung aus seinem Umfeld. Damit sind nicht nur seine Freunde gemeint, die sich in dieser Phase als Freunde bewährten. Für ihn war es vor allen Dingen unfassbar, wie viele fremde Leute ihm seitenlange, einfühlsame Briefe geschrieben haben, um ihm Mut zu machen. Denn auch wenn er in Deutschland dieses grantelige Image hat: Herbert Grönemeyer war und ist ein Menschenfreund. Dieses Ausmaß an Anteilnahme habe, so sagt er, sein Weltbild bestätigt. Das Perfide an der Anteilnahme aber ist: Sobald die innere Kälte nachlässt und man Gefühle zulässt, trifft einen der Schmerz wieder mit voller Härte. Das ist, wie aus der Narkose aufzuwachen. Nach Annas Tod suchte sich Herbert Grönemeyer darum professionelle Hilfe. Eine Trauertherapie schien ihm in dieser Situation das Richtige. Zuerst war er bei einem Londoner Therapeuten. Der machte ihm allerdings relativ schnell klar, dass er nicht gefährdet sei, und fing daher an, ihm von den Tragödien seines eigenen Lebens zu erzählen. Das mag rührend gewesen sein, hilfreich jedoch weniger. Der Sänger war dann noch ein halbes Jahr bei einer Therapeutin, die ihm sehr geholfen hat. Ein Vorteil war: Für sie als Engländerin war der Superstar Grönemeyer eine Person ohne Eigenschaften, über die sie kein Vorwissen hatte. Vor ihr saß einfach ein alleinerziehender Vater, der mit dem Verlust seiner Frau und der Erziehung seine Kinder zu kämpfen hatte. Und mit Selbstvorwürfen!

Immer wieder fragte Herbert Grönemeyer sich, welchen Anteil er möglicherweise an Annas Krankheit hatte. Wäre es anders gekommen, wenn sie ein Leben ohne diesen ganzen öffentlichen Druck hätten führen können? Grönemeyer weiß um die Schattenseiten seiner Karriere. Und er weiß, wie Anna darunter gelitten hat. Krebs, so heißt es, wird durch Stress begünstigt. Wäre sie also noch am Leben, wenn er sich wie einst Anna gegen die Karriere entschieden hätte? War er schuld? „Wenn so etwas passiert, lässt man die letzten Jahre im Schnelldurchlauf Revue passieren, um bestimmte Momente zu suchen", so Herbert Grönemeyer. „Man fängt an, alles zu sezieren – und dabei verheddert man sich." Der Sänger beschreibt es als eine Art ohnmächtige Wut. Man fühlt sich zurückgestoßen vom Leben und vom Schicksal betrogen. Grönemeyer hat in der Therapie gelernt, seinen Frieden mit der Vergangenheit zu schließen. All diese Dinge sind nun mal passiert. „Man ist halt Mensch und macht vieles falsch", hat er selbst es formuliert, ohne zu verraten, was genau er denn falsch gemacht haben könnte.

Wer ihn fragt, was er nach Annas Tod gemacht hat, bekommt zur Antwort, dass er nachgedacht habe. Er hatte eine Denkerdusche, einen Denkerrasierapparat und eine Denkerzahnbürste, „und gemeinsam haben wir nachgedacht". Schließlich wusste er, was zu tun war. Wohin sein Weg ihn führen muss – nämlich zurück an sein Klavier. Grönemeyer bezeichnet die Musik als seinen privaten Hochsicherheitstrakt. Als sein persönlichstes Geheimnis, das ihn überallhin begleitet und das ihm keiner nehmen kann. Nicht einmal der Tod: „Ich dachte: Wenn du dieses Zentrum deines Lebens auch noch verlierst, ist Schluss."[66]

Er fand seinen Frieden. Er hat verstanden, dass der Tod zum Leben gehört und dass er nicht der Einzige ist, dem so etwas passiert. Der Tod seiner Frau, seines Bruders und seines Vaters kann ihm heute seelisch nichts mehr anhaben. „Die drei sind als Truppe da, die auf mich gucken", versucht es Herbert Grönemeyer positiv zu sehen. Sein Glaube hilft ihm dabei. Genau wie die calvinistische Prägung durch seinen Vater. „Die einmal Geretteten werden gerettet bleiben. Es ist unmöglich, Gottes Gnade wieder zu verlieren", heißt es im Calvinismus. Wenn Herbert Grönemeyer also von seinem Papa und seiner verstorbenen Frau spricht, leben sie weiter, „dann sind sie immer bei mir". Seine Kinder handhaben es ähnlich. „Wir reden viel über sie, die Kinder können viele Geschichten über sie erzählen und wissen genau, was sie bei kleinsten Sachen gesagt hat." [67]

Wenn er selbst einmal stirbt, soll es genauso sein, so wünscht es sich Herbert Grönemeyer. Alle sollen um ihm herum an seinem Bett sitzen und die besten Anekdoten über ihn erzählen. Sie dürften sogar über ihn herziehen und dabei herzhaft lachen. Das wäre „wunderbar", sagt er. Heute darf er so reden. Seine Kinder sind erwachsen, und er ist nicht an seine Aufgabe als Vater gebunden. Der Weg dahin war steinig genug.

KAPITEL 4

Sein zweites Leben

Vom Gejagten zum Jäger

Wo ein prominentes Gesicht auftaucht, sind die Paparazzi nicht weit. Man könnte meinen, dass kein Star vor ihnen sicher ist. Denken wir nur an die Pinkelfotos von Ernst August von Hannover während der Expo in Hannover. Oder an die Oben-ohne-Fotos von Herzogin Katherine beim Sonnenbaden auf einer Terrasse in Südfrankreich. Als bisher teuerster Paparazzoabschuss gilt das erste gemeinsame Foto von Angelina Jolie und Brad Pitt: Mehr als eine Million Dollar soll dafür angeblich gezahlt worden sein. Dass es von Herbert Grönemeyers Familie bislang keine Paparazzifotos gibt, ist dagegen kein Zufall, sondern ein geschicktes Manöver seinerseits. Wer sich ständig präsentiert, geht zwangsläufig einen Deal mit den Paparazzi ein. Er dagegen habe sich durch seinen Entzug irgendwann uninteressant gemacht, erklärt der Sänger. Trotzdem gibt er zu, bisweilen sogar „ein bisschen Angst" zu haben, wenn er unterwegs ist. Denn das Vorgehen vieler Fotojäger sei „ziemlich link" …

Der Begriff „Paparazzo" kommt nicht von ungefähr, er ist zusammengesetzt aus den italienischen Wörtern „Pappataci" (Stechmücken) und „Ragazzo" (Junge). Die Bezeichnung erscheint treffend, wenn man die Arbeit dieser Fotografen betrachtet. Wie Stechmücken „umschwirren" sie ihre Opfer. Stets bereit, im richtigen Moment „zuzustechen", wenn sich ein lohnendes Motiv ankündigt. Die Methoden dabei? Mehr als fragwürdig! Paparazzi schleusen sich als Patienten oder gar Ärzte in Krankenhäuser ein. Sie verstecken sich auf Bäumen, hinter Hecken oder verfolgen die Prominenten mit dem Auto oder gar mit dem Hubschrauber. Auch dass sie sich erhoffen, mittels eines Teleobjektivs einen intimen Einblick in Schlaf- und Badezimmer zu erhaschen, stets mit dem Ziel, nackte Haut vor die Kamera zu bekommen, ist eine gängige Methode dieser Fotografen.

Hollywoodstar Zac Efron berichtet von einem Paparazzo, der ihm in einer Mülltonne am Straßenrand auflauerte. Herbert Grönemeyer von einem Fotografen, der ihn bis auf die Herrentoilette verfolgte. Da ist es nicht verwunderlich, dass Schauspielerin Hayden Panettiere die Arbeit der Paparazzi als „eine Form von Stalking" bezeichnet und sich wundert, dass diese nach wie vor legal ist. Einen Paparazzo tätlich anzugreifen, wie mit der Spritzpistole à la Sean Penn, mit dem Feuerzeug im Stil von Pete Doherty oder ganz klassisch mit der Faust, wie es Naomi Campbell bisher bevorzugt hat, gilt in VIP-Kreisen als Kavaliersdelikt und nicht als Körperverletzung. Dass Ernst August von Hannover im Affekt einen Fotografen verprügelt hat, kann Herbert Grönemeyer verstehen, er sagt sogar, dass er so eine Reaktion durchaus unterstütze. Schließlich sieht er es ebenfalls nicht ein, dass irgendjemand ihn in einer privaten Situation fotografiert.

Aufgetaucht ist der Begriff „Paparazzo" zum ersten Mal 1960 in dem Film „La Dolce Vita" mit Marcello Mastroianni und der bezaubernden Anita Ekberg in den Hauptrollen. Das erste Paparazziopfer gab es allerdings schon 62 Jahre früher. Am 30. Juli 1898 starb Otto von Bismarck. Die Fotografen Willy Wilcke und Max Priester drangen unerlaubt in sein Sterbezimmer ein, fotografierten die Leiche des ehemaligen Reichskanzlers und versuchten, das Foto über Zeitungsannoncen meistbietend zu verkaufen. Das Höchstgebot belief sich damals auf 30.000 Reichsmark. Doch Herbert von Bismarck, Sohn des Toten, gelang es, die Fotoplatten beschlagnahmen zu lassen. Die Paparazzi kamen ins Gefängnis. Allerdings ist nicht immer klar, wer denn nun das Opfer ist und wer der Täter. Die Rache der Prominenten ist schon häufig bestraft worden. Allein Ernst August von Hannover hat ein halbes Dutzend Gerichtsverfahren verloren und wurde zu mehreren sechsstelligen Summen Schadenersatz verurteilt. Doch ohne diese Bilder – und das ist sicher – hätten die meisten Prominenten einen sehr viel geringeren Bekanntheitsgrad, als es momentan der Fall ist. Mit dieser Tatsache rechtfertigen die Paparazzi ihr mitunter skrupelloses Vorgehen.

Ob dieses Verhalten auch das Vorgehen der beiden Paparazzi rechtfertigt, die Herbert Grönemeyer auflauern, als er mit seinem Sohn und seiner Freundin am Flughafen Köln-Bonn landet? Der Sänger habe sich in einem privaten Moment „massiv verfolgt“ gefühlt, teilte sein Anwalt nach dem Vorfall mit. Spekulationen zufolge wollte er seine neue Freundin vor der Öffentlichkeit schützen. Tatsächlich versicherte Grönemeyer nun an Eides statt gegenüber dem Gericht, der Fotograf habe ihn und seine Lebensgefährtin sowie seinen Sohn bedrängt.

Grönemeyers Geschichte geht so: Am 21. Dezember landet er mit seinem 27 Jahre alten Sohn und seiner Freundin auf dem Flughafen Köln-Bonn. Er ist privat hier. Und sein Privatleben ist ihm bekanntlich heilig. Fotos von ihm und seiner Freundin, mit der er zu diesem Zeitpunkt seit vier Jahren zusammenlebt, sind in den Medien bislang nicht aufgetaucht. Ob die Fotografen genau deshalb vor Ort sind, um ebendiesen einen goldenen Schnappschuss zu ergattern? Plötzlich, so schildert es Herbert Grönemeyer, habe sich ein Typ genähert, ihn sogar bis auf die besagte Herrentoilette verfolgt. Der Sänger, der ohne Leibwächter unterwegs ist, hat kein gutes Gefühl bei der Sache. Er will schneller gehen, nur weg hier. „Der ist mir nicht geheuer“, ruft Grönemeyer dem Sohn und der Freundin noch zu. In dem langen schmalen Korridor, der in Köln zu den Mietwagen führt, sei der Mann dann an ihnen vorbeigelaufen und habe eine Reisetasche aufgerissen. „Ich habe sofort mit einem Anschlag gerechnet“, sagt Grönemeyer.

In der Tasche ist keine Waffe im herkömmlichen Sinne. Also weder eine Pistole noch ein Messer. Doch Schaden anrichten und verletzen kann diese Art der Waffe trotzdem. Der Mann entpuppt sich als Paparazzo, holt in Sekundenschnelle eine Kamera aus der Tasche und drückt ab. Immer und immer wieder. Der Sohn von Herbert Grönemeyer reagiert am schnellsten, hält ihm sofort einen Laptop vor die Linse. Die Freundin duckt sich weg. Und dann taucht der zweite Mann auf, der alles mitfilmt. Zu viel für den Sänger, der wütend seine Tasche schwingt und die Paparazzi beschimpft. Wenn es um seine Familie geht, „dann werde ich zum Tier“, sagt Grönemeyer. Und nichts ist bekanntlich gefährlicher als ein Tier, das in der Falle sitzt.

Seit diesem Vorfall streiten sich die Anwälte der beiden Parteien. Der Sänger selbst beteuert weiterhin seine Unschuld, er sieht sich als Opfer. Der Paparazzo habe sich „sofort fallen lassen“. Er habe einen der beiden Männer „nur von hinten am Nacken gehalten“, um ihn am Fotografieren zu hindern. Die beiden Fotografen, die durch Grönemeyers Ausraster angeblich Verletzungen davongetragen haben, sehen die Sache anders. Es ist die Rede von einer Strafanzeige wegen Körperverletzung und Beleidigung. Grönemeyer zeigt sich weiter kampfbereit. Klein beizugeben ist nicht seine Sache.

Was er selbst tun kann, um sich und sein Leben zu schützen, tut er. Auch wenn die Methoden, wen sollte es überraschen, ein wenig unorthodox sind. So hat er die Kamera an seinem Handy abgeklebt. Privat ist er nicht auf Facebook und Instagram, die Ortungsdienste sind alle ausgeschaltet und eine Mailadresse bei Google hat er auch nicht. Und warum? Weil er sich vorstellen kann, wie die Internetriesen zusammensitzen und selbstherrlich denken, sie hätten die Welt unter Kontrolle. „Digitale Diktatur“ nennt er es. Aber komplett gegen das Internet sei er nicht, erklärte er. Zumindest nicht, solange seine Kinder keine Badehosenfotos von ihm posten würden, sagt er augenzwinkernd. Nicht, dass er sich für irgendetwas zu schämen bräuchte. Er wolle vielmehr keine Hysterie mit seinem „Ten-Pack“

auslösen, wolle mit seinem Körper niemanden eifersüchtig machen. Darum beschränkt er sich der bekennende Oldtimernarr im weltweiten Netz auch auf das Aufstöbern von neuen alten Autos. Das Internet sei ja im Prinzip eine wunderbare Errungenschaft. Er sei eben nur dagegen, dass „man sich in der Internetsuppe auszieht". Das finde er albern. Jeder würde sich online selbst zum Star machen und jedes Detail von sich zur Schau stellen. Dabei wird der Mensch doch erst durch seine Intimsphäre interessant, „das ist seine Schönheit".

Andy Warhol prophezeite es bereits 1968: „In the future everyone will be world famous for 15 minutes." Natürlich sind die „15 Minuten Ruhm" symbolisch gemeint, um die Kurzlebigkeit und Vergänglichkeit von Ruhm darzustellen. Wer dauerhaft erfolgreich sein will, muss eben mehr können, als sich bei jeder Gelegenheit den Fotografen zu präsentieren. Auch wenn das viele immer noch missverstehen. Mehr als einmal haben irgendwelche B-Promis einen Paparazzo engagiert, um sich mit pikanten Fotos in die A-Liga zu schießen. Frei nach dem Motto: „Schaut her, ich bin berühmt, die Fotografen lauern mir auf."

Berühmt werden um des Ruhmes willen? Nein, so etwas kann jemand wie Herbert Grönemeyer nicht nachvollziehen. Natürlich ist er sich seiner Prominenz bewusst. „Ich merke das ja, wenn ich die Leute treffe oder Briefe bekomme", sagt er.[68] Und doch ist er bis heute erstaunt darüber, wie viel Einfluss seine Musik auf seine Fans hat. Wenn ihm die Menschen erzählen, was seine Lieder ihnen bedeuten, in welchen Situationen seine Texte ihnen Trost und Hoffnung spenden, ist er ganz fassungslos. Das ist keineswegs Koketterie. Nein, Grönemeyer ist ein Popheld, der sich aber nicht wie ein Popheld aufführt. Seine Bescheidenheit hat er nie verloren. „Ich kuck nicht jeden Tag in den Spiegel, um mir zu sagen, dass ich der Größte bin", resümiert er.[69] Weil er nicht zum Idol stilisiert werden will, lehnt er es ab, Fragen nach seinem Privatleben zu beantworten. Fotografen haben seit jeher keinen Zutritt zu seiner Wohnung. Weder damals in Köln noch heute in London oder Berlin. Als im westfälischen Nordwalde angeblich ein Fanklub gegründet wurde, fuhr er extra nach einem Konzert in München dorthin, um den Unsinn gleich zu beenden. Erst als ihm bestätigt wurde, dass die jungen Leute unter Leitung des Dorfpfarrers seine Lieder als Anregung für Diskussionen nutzen und sich kritisch mit ihnen auseinandersetzen wollten, war er beruhigt.

Nein, ein Popstarleben führen will er nicht. Das ist nicht seine Welt. War es nicht und wird es niemals sein. Punkt. Er will keinen Ruhm, sondern seine Ruhe. In München, Köln oder in seinem Bochum ist das nicht möglich. In Berlin schon. Und eben auch in London.

Flucht nach London

Ihn als halben Engländer zu bezeichnen ist vielleicht ein wenig hoch gegriffen. Obwohl er sich nach 18 Jahren auf der Insel die eine oder andere britische Denke angeeignet hat. So geht er beispielsweise so gut wie nie ohne ein paar Pfund aus dem Haus. In seinem Portemonnaie bewahrt er zwar Euroscheine auf, in seiner Hosentasche trägt er allerdings die Pfundscheine mit sich herum. Doch das ist nicht die einzige schrullige Angewohnheit. Herbert Grönemeyer rechnet noch immer 1:3 um zwischen Pfund und D-Mark. Die Umstellung zum Euro habe er in England nicht richtig mitbekommen: „So kann ich mir jetzt einbilden, dass ich billiger lebe, als ich es tatsächlich tue ...“[70] Dass er in London freier und vor allem unbeobachteter lebt, steht dagegen außer Frage.

1998 ging Herbert Grönemeyer weg aus Deutschland, weg aus Berlin, wo er bis dato mit seiner Frau Anna und seinen beiden Kindern Felix und Marie gelebt hatte. Sein Berliner Haus aber verkauft er nie. Vielleicht weil er tief in sich spürt, dass er eines Tages zurückkehren wird. Was er rund zehn Jahre später auch tut. Aber diese Gedanken spielen bei seiner Flucht nach England keine Rolle. Vielmehr gab es andere Gründe. Oder besser gesagt, einen wichtigen – nämlich Ruhe zu finden für seine Familie. Der Sänger zog nach London, als seine Frau Anna schon sehr krank war und beide Angst hatten, dass die deutsche Presse davon Wind bekommt. Es war der Versuch, die Familie dahin zu verpflanzen, wo es keine Öffentlichkeit gab. Es war Annas Hoffnung, die Familie und „auch mich ganz für sich zu haben“, sagt Herbert Grönemeyer. Zudem wollten sie, dass ihre Kinder groß werden können ohne die Last des berühmten Namens. In London geht das. „Für mich selbst war es auch gut“, betont er. Denn man vergisst zuweilen, wer man ist.[71] „Wenn man bekannt ist, ist man so bekloppt, dass man denkt, alle gucken, und man krampft sich unheimlich einen weg. Dabei guckt oft kein Mensch." Im Ausland muss man sich ohne jedwede Vorteile behaupten. Das ist für den Charakter ganz heilsam.

Noch etwas gefällt dem Musiker auf der Insel, nämlich die unkonventionelle Mentalität. Wer eine richtige Alternative zu deutschem Denken sucht, der ist „in England richtig", schildert es Grönemeyer. Er findet zudem, dass die Briten nicht nur einen viel höheren Grad an Selbstironie haben, sie beweisen dazu noch eine deutlich höhere Leidensfähigkeit. Wenn der Engländer sagt ‚It was a rough day', dann hätte sich der Deutsche längst aufgehängt. Diese innere Stärke imponiert ihm, gibt ihm die nötige Kraft, die er braucht, um durchzuhalten – vor allem als seine Anna starb.

Eigentlich hat ihn nach Annas Tod nichts mehr in London gehalten. Er hätte zurückgehen können nach Berlin. Sich dort im Kummer vergraben, wo er sich einmal heimisch gefühlt hatte. In der Tat war sein erster Gedanke, dass er in Berlin aufgehobener wäre, sicherer wäre. London war für ihn eine Stadt wie auf „Kreide gebaut". Es fiel ihm schwer, Wurzeln zu schlagen. Sein zweiter Gedanke allerdings war: „Warum war Anna so gerne in London?" Das wollte er herausfinden. Er erzählt, dass sie die wilde Vegetation, die schönen Gärten und die Parks in London sehr liebte. Hier in England gebe es keine Flurbereinigung wie in Deutschland. Hier lege man keine Straße durch den Baum, sondern an dem Baum vorbei. Die englische Landschaft sei unberührt gelassen worden, „und die Seele hat nicht gern Quadrate", formuliert es der Sänger in typischer Grönemeyer-Manier.

Also blieb er mit seinen Kindern an der Themse wohnen, verschob die Rückreise auf unbestimmte Zeit. Was wäre denn auch passiert, wenn er sich direkt nach diesem Schicksalsschlag wieder in Deutschland angesiedelt hätte? Die Antwort gaben ihm fünf Kamerateams, die nur einen Tag nach Annas Tod bei ihm vor dem Berliner Haus standen. Der Sänger war zu der Zeit mit Freunden dort. Da klingelte es an der Tür, und ein Journalist einer großen Tageszeitung fragte: „Wir haben gehört, Ihre Frau ist gestorben?" Angeblich wollte man ihm mit diesem Besuch nur tiefes Beileid aussprechen, doch in Wahrheit ging es wie eh und je um die beste, schnellste, sensationsgeilste Schlagzeile. Grönemeyer war von diesem „Überfall" so überrascht und überfordert, dass er dem Journalisten entgegnete: so „Nein. Sie ist kerngesund." Für jede andere Antwort fehlte ihm die Kraft. Er bewegte sich wie in Trance, versuchte, nüchtern zu denken, jede Emotion war tiefgefroren. Der Sänger wunderte sich selbst über die Kälte, die er entwickelt hatte, wie er beschreibt.

Die Bestätigung von Annas Tod durch das Management, sie wäre nur der Anfang des Spießrutenlaufs geworden. Jeden seiner Schritte hätte man anschließend verfolgt, jede noch so kleine Geste analysiert und kommentiert. Grönemeyer betont selbst, dass er nicht unter dieser Art der Beobachtung stehen wollte. Wenn er mal lacht, sollte es nicht heißen: „Oh, der kichert. Der trauert wohl nicht richtig." So perfide es klingen mag, wäre Herbert Grönemeyer in Deutschland geblieben, er hätte seinen Verlust regelrecht zur Schau stellen müssen, damit keiner hätte behaupten können, er würde nicht anständig um seine Anna weinen. Er hätte sich überlegen müssen, was für eine Art von betroffenem Gesichtsausdruck er aufsetzen muss, wenn er das Haus verlässt. Er hätte sich bei all dem Leid Gedanken machen müssen, was für eine Außenwirkung dieser Schmerz tatsächlich hat.

Nicht jedoch in England. Hier wird mit der Trauer anders umgegangen. Selbst im größten Kummer dürfen, nein müssen sogar Späße gemacht werden. Das ist ihr schwarzer Humor. Als Oscar Wilde auf dem

Sterbebett lag und eine hässliche Tapete entdeckte, sagte er: „One of us must go!" In Deutschland hätte man bei so einem Spruch pikiert zur Seite gesehen, sich über diese Art der Pietätlosigkeit echauffiert. In England wird darüber herzlich gelacht. Auch Herbert lacht. „Ich habe mir von den Engländern abgeguckt, mir auch mal eine Auszeit zu gönnen und zur Vergangenheit zu sagen: ‚Ich lege dich jetzt mal beiseite.'" [72] Diese Mentalität half ihm sehr bei seiner Trauer.

Genau wie der Alltag mit seinen zwei kleinen Kindern. Sohn Felix war zu diesem Zeitpunkt elf Jahre alt, seine Schwester Marie gerade mal neun. Für sie muss Herbert Grönemeyer der Fels sein, er muss funktionieren. Und er tat es. Er weiß noch, als wäre es gestern gewesen, wie er sich die ersten Jahre in London als verwitweter – und somit alleinerziehender – Vater durchgeboxt hat. Jeden Morgen stand er mit seinen Kids auf, machte Frühstück, schickte sie in die Schule. Das frühe Aufstehen störte ihn nie, obwohl es sicherlich eine sehr heikle Uhrzeit für einen echten Rockstar war. Schließlich endete sein Tag nie vor ein oder zwei Uhr nachts. Aber überraschenderweise war er schon immer ein guter Frühaufsteher, obwohl er doch mehr Eule als Lerche ist. Dass er früher jeden Morgen unheimlich fröhlich in die Schule kam, ging seinen Mitschülern tierisch auf die Nerven, wie er sich erinnert. Wenn die ihn sahen, hieß es nur: „Oh Gott, da kommt dieser Grönemeyer!" Seine Eltern dachten, er sei nicht ganz normal, weil er fast nur gelacht habe. Kein Wunder, dass ihm der britische Humor sehr gelegen kommt.

Während die Kinder in der Schule waren, kümmerte sich Grönemeyer um sein Plattenlabel, ging ins Studio oder traf sich mit Freunden zum Kaffeetrinken. Da er bereits seit 1989 viel in England gearbeitet hatte, hatte er sich längst ein soziales Netzwerk aufgebaut. Der Sänger mag dieses Sich-Austauschen sehr. Er sammelt dabei Themen, die das Leben mit sich bringt, um neue Ideen für seine Lieder zu finden. Doch wie bei jedem berufstätigen Vater war seine Zeit begrenzt. Denn wenn die Kinder nach Hause kamen, wollte er für sie da sein. Dann fragte er die beiden, ob sie ihm erzählen wollten, was sie erlebt hatten. Zumindest ging das bis zur Pubertät so. Danach „kriegte ich nicht mehr viel zu hören", erinnert sich Grönemeyer. Teenager sind für alle Eltern eine Herausforderung. Erst recht, wenn die Grönemeyer'sche Sturheit in den Genen steckt. Die musikalischen Gene hat er ebenfalls vererbt. Sein Sohn war 15, als er begann, sich immer intensiver mit Hip-Hop zu beschäftigen. Und er machte das gut. Er schrieb seine eigenen Texte, begleitete sich auf dem Keyboard und hatte laut Grönemeyer ein völlig anderes Verständnis für Beat. „Er kam oft in mein Studio und sagte: ‚Eure Beats sind ziemlich dünn. Aber macht ihr das mal so. Ihr seid ja auch schon ein bisschen älter'", erzählt Grönemeyer amüsiert.[73]

Trotz aller versuchten Normalität, trotz dieser wenigen tröstenden Momente, in denen er sich kurz wieder hochziehen konnte, lag weiterhin ein massives Grau über Grönemeyers Seele. Oftmals legte er sich vormittags nochmals hin, sobald die Kinder in der Schule waren, weil er es nicht ertrug, alleine zu sein. Niemanden an seiner Seite zu haben. Trotz seiner Kinder fühlte sich der Sänger so allein wie nie zuvor. „Alle Antennen nach außen sind gekappt. Man versucht, sie krampfhaft am Leben zu halten, versucht, Menschen zu treffen, es endet aber immer im Nichts. Man kapselt sich ab", beschreibt der Sänger seinen damaligen Zustand.[74] Es sei wie ein Krieg, den er durchmacht, und er müsse warten, bis der Punkt komme, wieder Fuß zu fassen. Er sagt zwar, dass man in so einer Situation überall einsam sei, dennoch habe es ihm sehr geholfen, in London zu leben. Hier war er zwar auch ganz auf sich gestellt, aber er hat es so gewollt. In Deutschland, da ist er sich sicher, hätte er mehr gejammert. England ist für ihn Ende und Anfang zugleich. Eine Flucht nach vorne. Eine Zuflucht, die er bis heute nicht aufgeben will.

Warum er dann überhaupt nach Berlin zurückgegangen ist? Warum er sich das Hin- und Herpendeln antut? Weil ihn schlicht das Heimweh plagte. Sosehr ihm das Leben in London gefällt, er vermisste seine Freunde, vermisste es, Deutsch zu sprechen. Darum telefonierte er auch wie ein Wahnsinniger so oft mit Leuten aus Deutschland. Das war Nahrung für ihn, Seelenfutter, wie Vollkornbrot, Sauerbraten, Currywurst. Auch wenn er die Freiheit auf der Insel genießt. „Meine erste Heimat ist Berlin, meine dreieinhalbste ist London." Sein Herz aber fing langsam an, für eine Schweizerin zu schlagen ...

Wieder Flugzeuge im Bauch

Grönemeyer liebt gern global oder zumindest europäisch. Das muss man wohl so sagen. Seine allererste Freundin stammt aus den Niederlanden, „da war ich aber erst zehn“ und noch eine Miniversion eines echten Rockers, allerdings bereits mit langen roten Haaren. Katja-Ebstein-Rot, um genau zu sein. Die Frauen haben ihn später immer gefragt, wie er es denn nur schaffe, seine Haare so toll zu färben. Ja, die Damenwelt ist schon damals auf ihn aufmerksam geworden. Er jedoch hatte nur Augen für eine: für die kleine Yvonne aus Holland, seine erste große Liebe. Er spielte ihr auf der Gitarre vor, sie schenkte ihm eine Locke ihres Haars. „Das war unsere ganze Beziehung, aber das war sehr emotional und sehr stark“, erinnert sich der Sänger.[75]

Die erste „richtige“ Freundin kam dann aus Frankreich. Und was „richtig“ heißt, kann sich wohl jeder denken, da braucht es keine Details, da genügt das eigene Kopfkino voll und ganz. Sowieso hält sich Herbert Grönemeyer in Gefühlsangelegenheiten seit jeher zurück. Wenn er sich überhaupt mal über die Liebe äußert, dann fast nur mit seiner Musik. Wie in seinem Lied „Liebe liegt nicht“ aus dem Album „12“. Darin singt er, dass Liebe allein zwar nicht jede Angst überwindet, sie einen aber durchaus verändert. Einen Neuanfang schafft. Und diesen Neuanfang erlebte er 2002 an der Seite der Schweizerin Sonja.

Dabei war es für Herbert Grönemeyer gar nicht so wichtig, nach dem Tod seiner Frau überhaupt noch einmal eine neue Partnerin zu finden. Er hätte es sich nicht verboten, aber er legte es eben auch nicht darauf an. Wenn das Leben will, dass da noch mal jemand um die Kurve kommt, dann soll es so sein. Wenn nicht, ist es auch okay. Wenn Anna die eine wahre Liebe ist, die sein ganzes Leben bestimmt,

„dann ist das völlig in Ordnung", sagte er damals. Schließlich ist es immer noch besser, geliebt und verloren zu haben, als niemals geliebt zu haben. Doch ist es nicht ebenso richtig, dass derjenige, um den man trauert, gar nicht will, dass man sich gänzlich in der Traurigkeit verliert? Sondern dass man wieder glücklich wird? Auch seinetwegen? Ihretwegen? Seine Anna würde genau das wollen. Sie würde es ihm untersagen, in Selbstmitleid zu zerfließen und herumzujammern. Sie würde sagen: „Solange du mich in deinen Gefühlen in Erinnerung behältst, ist alles in Ordnung. Und jetzt geh und lass dir mal wieder den Wind um die Nase wehen."[76]

Kennengelernt hatten sich Herbert Grönemeyer und Sonja im Züricher Szeneklub „Kaufleuten". Die damals 31-Jährige kommt aus Horgen, einem Nachbarort südlich der Stadt, direkt am Zürichsee gelegen. Sie sprach ihn an, sorgte für genau die frische Brise in seinem Leben, die wohl ein bisschen seine Trauer aus seinem Herzen blies. Ihre Freunde beschrieben die schöne Schweizerin als Sonnenschein, als Frohnatur. „Sie hat Spaß am Ausgehen, tanzt und feiert gerne", so ein Mitglied ihrer Clique aus Jugendzeiten. Aber sie war keine dieser typischen Promijägerinnen, die es allein auf die Schlagzeile abgesehen haben, nein, dafür war sie zu bodenständig. Sie stylte sich weder übermäßig, noch legte sie Wert auf überteuerte Designerkleidung. Sonja war einfach eine lebenslustige alleinerziehende Mutter, die, wenn sich ein zuverlässiger Babysitter für ihre kleine Tochter fand, gerne mal mit ihren Freunden „einen draufmachte". Wie eben an jenem Sommerabend 2002. Vielleicht war Herbert Grönemeyer deshalb auch so von ihrer natürlichen Art fasziniert. Der Sänger war gerade zu Werbezwecken in Zürich, als er ihr in dieser Disko „Kaufleuten" begegnete. Ob es Liebe auf den ersten Blick war? Sympathie auf den ersten Blick war es definitiv. Schließlich unterhielten sie sich lange und angeregt vor dem DJ-Pult, wie sich ihre Freunde erinnern. Von Anfang verstanden sich die beiden prima.

Wie gut, sollte die ganze Welt im Frühling 2004 erfahren, als Herbert Grönemeyer und Sonja in einem Liebesurlaub in Rom gesehen wurden. Paparazzi – das leidige Thema wieder – hatten die beiden beim romantischen Bummeln durch die Fußgängerzone sowie in einem Café fotografiert. Sie saßen einfach nur da, erzählten, lachten und genossen das italienische „Dolce Vita". Gegen den Schnappschuss, der kurz darauf in einer deutschen Illustrierten abgedruckt wurde, wehrte sich das Paar. Doch die Liebe war längst offiziell. Selbst ihr Anwalt bezeichnete Sonja als Grönemeyers Lebensgefährtin. Äußern zu ihrem Glück wollte oder sollte sich die Schweizerin allerdings weiterhin nicht. Am Telefon auf ihre Beziehung angesprochen, blockte sie ab, sagte nur: „Ich muss mich zuerst mit Herbert rücksprechen." Letztendlich war es der Sänger selbst, der das Schweigen brach. Schon zu Beginn ihres Kennenlernens schwärmte er von ihr als „Hoffnung", als ein „Ausblick". Auch wenn er damals weder verraten wollte, wer sie war, noch woher sie kam – diesen einen kurzen Einblick in seine Gefühlswelt ließ er zu.

Vielmehr ließ er wie gewöhnlich seine Musik sprechen. Die Fertigstellung seines Albums „Mensch" war in den Endzügen, die Singleauskopplung „Mensch" lief bereits im Radio, als der Sänger noch an diesem einen Song saß, den er unbedingt noch auf der Platte haben wollte. Die Rede ist von „Demo (Letzter Tag)". „Das habe ich am letzten Tag fertig geschrieben", erzählt Grönemeyer. Nachts geschrieben, morgens eingesungen, gemischt in zehn Minuten. Noch im Auto zum Studio hat er die Reihenfolge der Platte neu festgelegt. So knapp war er dran. Ursprünglich sollte „Zum Meer" das Album abschließen, doch Grönemeyer änderte seine Meinung, wählte „Demo" als Schlusspunkt. Dabei war sein Freund und Koproduzent Alex Silva, mit dem er inzwischen seit 18 Jahren zusammenarbeitet, sogar dagegen, dieses Lied überhaupt mit aufs Album zu nehmen. Furchtbar sei diese Nummer, fand er. Die klinge nicht. Doch Herbert Grönemeyer setzte sich durch. Er hatte diese Worte auf dem Herzen, die dringend gesagt werden mussten. Die er auf Vinyl gepresst haben wollte. Eine Liebeserklärung, die schöner kaum sein konnte: „Du bist das Prinzip Hoffnung“, singt er darauf voller Gefühl. Und: „Ich lieb dich mehr als mich.“

Ein Jahr nach Erscheinen des Albums „Mensch“ galt Sonja offiziell als seine Lebensgefährtin, sie begleitete ihn auch zu öffentlichen Anlässen. Und diese Beziehung, sie tat ihm augenscheinlich gut, half ihm dabei, mehr und mehr die Fühler aus seinem Schneckenhaus in London zu strecken. So verlegte er in dieser Zeit auch sein Studio von England zurück nach Berlin. Ganz nach Deutschland umzusiedeln, davor schreckte er allerdings noch zurück. Auch ihretwegen. „Ich bin inzwischen mit einer Schweizerin zusammen. Und die fragt sich, ob sie mit mir in einem Land zusammenleben möchte, in dem ich bekannt bin. Sie denkt sich vielleicht: Habe ich denn nicht viel mehr von ihm, wenn wir in London bleiben?“, schilderte er 2007.[77] Vier Jahre später gehen Herbert Grönemeyer und seine Sonja getrennte Wege. Berlin hat ihm Glück gebracht, seiner Beziehung offenbar weniger.

Sofort nach der Trennung wurden die ersten Stimmen laut, die eine Krise bereits in seinen Liedern herausgehört haben wollen, wie in „Du bist die“ aus dem Album „12“. Wer wie Grönemeyer in einem Liebeslied von Loslassen singt, von verlassener Sehnsucht, davon, den anderen freizugeben – der muss doch gespürt haben, dass diese Liebe nicht ewig dauern wird. Und so war es dann ja auch. Zwar sagt der Sänger über diesen Song, dass er schlicht ein Versuch gewesen sei, ein Liebeslied über zwei selbstständige Menschen zu schreiben, die sich nicht mit ihrer Liebe überrennen und den anderen nicht verbessern wollen. Jeder Mensch habe nun mal ein ganz eigenes Weltbild, eigene Visionen und Träume – die prallen dann aufeinander wie elektrische Kabel. Aber er gesteht auch: „Mit allem, was schön ist, ist die Angst verbunden, dass es mal zu Ende geht.“[78] Eine Beziehung sei schließlich nichts anderes als der Versuch von zwei Menschen, das Leben gemeinsam zu meistern. Dabei habe jeder die Freiheit zu sagen: Es geht nicht mehr. Genau diese Freiheit beansprucht er für sich auch.

Nein, an das ewige Glück glaubt er eigentlich nicht. Hat er nie. Auch während seiner Ehe mit Anna nicht. Der Gedanke an ein unendliches Glück ist für ihn romantisches Getue, das nichts mit der Realität zu tun hat. Es gibt „intensive Glücksmomente“, die in der Beziehung auftreten. Aber wie der Name schon sagt, es sind Momente. Und wenn der Moment passt, wenn es sich für ihn richtig anfühlt, öffnet er auch sein Herz. So wortgewandt, wie er sich dabei in seinen Liedern zeigt, ist er privat allerdings nicht. Wenn Herbert Grönemeyer von Liebe spricht, dann mit seinen Händen – weil „ich sehr zartfühlend bin“. Er sagt zwar über sich, dass er nicht die schönsten Hände habe, aber dafür seien sie äußerst sensibel. Ist er glücklich, dann spricht er viel. Ist er verliebt, wird wie wild gestikuliert. Zurzeit macht er beides. Viel reden, noch mehr gestikulieren. Der Grund dafür: seine Jusha.

Seit rund drei Jahren hat Grönemeyer wieder eine Partnerin an seiner Seite. Hübsch ist sie, jung ebenfalls. Genau genommen ist Jusha ungefähr im gleichen Alter wie seine Kinder, könnte also locker auch als seine Tochter durchgehen. Doch Liebe kennt bekanntlich keinen Altersunterschied. Das sehen auch seine Kinder so. „Zum Glück“, sagt er und spielt dabei auf die Situation an, als er Kinder und neue Freundin das erste Mal miteinander bekannt machte: „Na ja, leicht ist etwas anderes.“ Ihre Identität hält er zwar geheim, aber mit Songs wie „Morgen“ und „Fang mich an“ hat er ihr sehr persönliche Liebeslieder gewidmet. Vor allem der Song „Morgen“ handelt davon, „dass ich mir wünsche, dass es mit dieser Person immer so bleibt – wie man bei der Hochzeit sagt: ‚Bis dass der Tod uns scheidet!‘, schwärmt Herbert Grönemeyer.“[79] Das war zwar jetzt kein offizieller Heiratsantrag. Aber wer solche Worte öffentlich von sich gibt, der ist sich seiner Gefühle schon sehr, sehr sicher. Bereits bei der „Goldenen Kamera“ machte er seiner Jusha vor laufenden Fernsehkameras eine rührende Liebeserklärung und bedankte sich bei der Person, die es „am härtesten“ mit ihm habe, der wunderbaren Frau an seiner Seite. Es war die erste öffentliche Liebeserklärung nach dem Tod seiner Frau. Und sie war ihm ein Bedürfnis.

Genau wie seine Liebeslieder ihm ein Bedürfnis sind. Einmal, erklärt er, habe er mit einer anderen Partnerin wegen eines ähnlichen Songs eine Auseinandersetzung gehabt. Trotzdem würde er nie „um Erlaubnis“ für so ein Lied fragen: Letztlich sind es ja keine Liebesbriefe, sondern Liebeslieder. Der Anlass mag ein reeller sein, aber was er daraus macht, ist nicht die Realität. Vielmehr sind es Spielfilme, die er auf den Notenzettel bringt, und keine Dokumentarfilme. Auf diesen Unterschied legt er sehr viel Wert. Die Texte handeln nicht von ihm und seinem Leben, sondern alles sei stilisiert, hochgezogen, geschachtelt, „aber nur so berührt es einen“, sagt Grönemeyer. Natürlich will er sich mit seinen Texten auch interessant machen, das gibt er ehrlich zu. Aber man müsse aufpassen, dass man nicht von der Kunst auf den Künstler schließt. Nicht jeder, der schöne Gedichte schreibt, ist automatisch ein dufter Typ, denn „das ist schön und liebevoll gemacht, aber es ist ein Handwerk. Mit der Absicht, die Menschen zu berühren.“[80] Und das schafft er immer wieder, sei es 2002 mit „Mensch“ oder zwölf Jahre später mit „Dauernd Jetzt“.

Angeknüpft an alte Erfolge

Herbert Grönemeyers Leben lässt sich in zwei Hälften teilen. Die eine Hälfte endet tragisch und abrupt am 5. November 1998. An diesem Tag stirbt Anna, seine Frau, seine Muse. Die andere Hälfte beginnt 1999. Das Jahr dazwischen? Nichts als Leere. Tränen. Trauer.

Vor besagtem November 1998 befand sich Herbert Grönemeyer auf dem Höhepunkt seines Wirkens. Er wurde für „Bochum" gefeiert, etablierte sich mit seinen Alben „Sprünge", „Ö", „Luxus" und „Chaos" ganz oben im Musikbusiness. Bis er sich selbst eine Pause gönnte. Fünf Jahre lang zog er sich fast völlig aus dem Showgeschäft zurück, brachte zwar mit „Cosmic Chaos" eine respektable Technoplatte heraus, dazu das „Unplugged Herbert"-Album sowie „Grönemeyer Live". Aber erst 1998 veröffentlichte er sein zehntes Studioalbum. Der Titel: „Bleibt alles anders". Das Cover: ein ganz in Schwarz gekleideter Grönemeyer mit Sonnenbrille und gehetzter Mimik. Die Kritiken? Durchweg positiv!

Dabei wurde im Vorfeld wie wild über dieses Album spekuliert: Grönemeyer habe die lange Zeit genutzt, sich mit aktuellen musikalischen Trends auseinanderzusetzen, so lautete die gängige Meinung unter seinen Fans. Grönemeyer mit Rave-Hip-Hop-Soul-NDW-Blues? DJ Herbert? Zum Glück haben sich die Spekulationen nicht bestätigt, im Gegenteil. Der Sänger klingt zwar moderner, zeigt aber erneut, dass er über jeglichen Trend erhaben ist und sich selbst und seinem Stil treu bleibt. Wer so groß ist wie Grönemeyer, der muss nicht verkaufen auf Teufel komm raus, sondern kann so lange an einem Album feilen, bis es perfekt ist. In der Tat zeigt sich der Sänger bei „Bleibt alles anders" in großer Experimentierstimmung. So erinnert „Fanatisch“ musikalisch zum Beispiel sehr stark an „Riders on the storm“ von den Doors, während das Titelstück wiederum ein typischer Herbert ist. Grönemeyer sagt über diese Platte, dass sie sehr stark keyboardorientiert sei, mit Geräuschen, Atmosphären und Klangteppichen unterlegt. Genau wie bei „Bochum“ habe er fast alle Lieder mit Keyboards eingespielt, „deshalb auch dieses ganze Geklimper da“. Die Platte ist letztlich genau so geworden, wie er eine Platte schon immer machen wollte. Was Grönemeyer über die Dauer von mehr als einem Jahr in enger Zusammenarbeit mit dem Programmierer Alex Silva geschaffen hat, findet man auf dem deutschen Markt so schnell nicht noch einmal.

Das größte Kompliment für dieses Album bekam Herbert Grönemeyer jedoch von seiner größten Kritikerin: „Das ist die erste gute Platte, die du gemacht hast“, lobte Anna ihn damals.[81] Das löste bei ihm zwar verständlicherweise nicht gerade die große Euphorie aus, aber seine Frau wusste eben, dass er sich musikalisch stets weiterentwickelt – auch wenn das bei ihm meist in Sechs-Jahres-Schritten passiert. Anna hatte immer schon einen extrem hohen Anteil an seinen Platten, sie war für ihn wie eine Koproduzentin. Sie hat stets ihre ganze Kreativität hineingesteckt, hat gemeinsam mit Herbert auch Texte geschrieben.

Aber sosehr sich seine Fans über die Platte gefreut haben, in Wahrheit hat er dieses Album fast ausschließlich für Anna geschrieben. Fast alle Lieder darauf sind an sie gerichtet. Vor allem „Stand der Dinge“ hat er für sie komponiert, nachdem sie ihn darum gebeten hatte, doch mal ein Lied nur für sie und ihn zu schreiben. „Sie hatte mal gesagt, sie habe nie gewusst, dass ich sie so liebe, das heißt, obwohl ich mir die Seele wund schrieb, habe ich sie dennoch nie erreicht“, sagt Herbert Grönemeyer.[82] Mit der Platte habe sie dann gemerkt, dass die Lieder doch für sie waren.

Als sich Herbert Grönemeyer zu „Bleibt alles anders" entschloss, tobte der Krebs bereits im Körper seiner Frau. Er schrieb das Album ganz ohne ihre Hilfe, auch um ihr zu zeigen, zu demonstrieren, dass er das alleine schaffen kann. Um ihr die Sicherheit zu geben, dass er alleine zurechtkommt. Sowohl als Vater wie auch als Musiker. Die Jahre zwischen 1990 und 1998, also ihrem Tod, beschreibt er als „weiß Gott nicht nur rosarote Jahre". Natürlich gab es während der Zeit, während des Schreibens, auch schöne und intensive Momente. Anna und er haben viel gelacht und noch mehr miteinander geredet. Obwohl sie versucht haben, ihre Krankheit „mundtod" zu machen, war sie doch allgegenwärtig. Was sich auch in diesem Album widerspiegelt. In seinen Texten ist Liebe fast immer mit Verlust verbunden. Vier Monate nach dem Tod seiner Frau sagte Grönemeyer selbst, dass man, wenn man die Texte dieser Platte hört, angesichts all der Vorahnungen erschrecke. So hat er mit dem Song „Schmetterlinge im Eis" nicht nur die Umkehrung seines Herzschmerzers „Flugzeuge im Bauch" geschaffen. Damals sang er noch, dass er die Liebe nicht brauche und sein Herz doch bitte zurückwolle. Aber die Wahrheit war: Er brauchte die Liebe, und sein Herz zurück wollte er schon gar nicht haben. Den Song „Letzte Version" konnte er lange nicht hören.

Genauso wenig, wie er lange Zeit nicht dazu in der Lage war, überhaupt einen klaren Gedanken zu fassen, geschweige denn Musik zu machen. Wieder war es die Liebe zu Anna, die ihn zurück ans Klavier führte. Sie hätte es ihm nie verziehen, wenn er mit dem Singen aufgehört hätte. Also machte er weiter. Wenn auch zäh. Es waren Fleißarbeiten, die seinen Alltag ab 1999 bestimmen sollten. Für die zwölfteilige Dokumentationsreihe „Pop 2000. 50 Jahre Popmusik und Jugendkultur in Deutschland" produzierte er mit seiner Plattenfirma die dazugehörige 8er-CD-Box. Im Jahr 2000 gab er immerhin wieder Konzerte, wenn auch nur vier Stück. Zwei auf der Expo in Hannover, eines in Berlin vor dem Brandenburger Tor, eines in Bitterfeld. Im selben Jahr brachte er eine Doppel-CD/DVD heraus, nannte sie bezeichnenderweise „Stand der Dinge", also genau nach dem Titel, der ihm und Anna so viel bedeutete. Schließlich beschloss er, dass es Zeit sei, an seinem elften Studioalbum zu arbeiten. Gemeinsam mit seinem Kumpel Alex hat er sich über 14 Monate lang vorgetastet. Schritt für Schritt, Takt für Takt. Im Sommer 2001 bemerkte er, dass ihm die Trauer nicht mehr ganz so die Kehle zuschnürte, dass es „etwas luftiger" wurde, seine Energie langsam zurückkehrte. Herbert Grönemeyer beschreibt dieses Gefühl rückblickend wie „nach Hause kommen." Vor der Veröffentlichung von „Mensch" erklärte er, er habe nach dem Tod seiner Frau und seines Bruders geglaubt, nie wieder Musik machen zu können. Dieses Album aufzunehmen sei einer der schwersten Berge, die er je zu erklimmen hatte. Weil er Angst hatte, aus der Trauer heraus sich nur in Balladen zu verlieren. Der Aufstieg hat sich gelohnt. Mit „Mensch" war er wieder an der Spitze angekommen. Oder besser gesagt: im musikalischen Olymp. Denn dieses Album sollte nicht nur Weltstars wie Robbie Williams auf die hinteren Plätze der Charts verweisen – es sollte zudem sämtliche Rekorde brechen: „Mensch" wird zur schnellstverkauften Platte in der Geschichte der deutschen Musikindustrie.

Am 5. August 2002 erschien die Single „Mensch", am 2. September brachte Herbert Grönemeyer das gleichnamige Album auf den Markt. Noch vor der Veröffentlichung heimste er wegen ungeduldig wartender Fans nur durch Vorbestellungen die begehrte Platinauszeichnung ein. Letzten Endes erhielt es dreifach Platin, 21-fach Gold und belegte elf Wochen lang Platz eins der deutschen Albumcharts. Mit über 3,1 Millionen Exemplaren gehört es zu den meistverkauften Alben in Deutschland. Der Titeltrack „Mensch" thronte stolze 23 Wochen auf Platz eins der deutschen Singlecharts, sicherte sich auch in Österreich und der Schweiz über Monate hinweg die Poleposition. Bis heute ist „Mensch“ nicht nur der erste Single-Nummer-eins-Hit seiner Karriere, sondern sein mit Abstand erfolgreichster Song. Wie weitreichend dieser Erfolg tatsächlich ist, sieht man auch daran, dass sich der Sänger die Worte „Eisbär“ und „Grönland“ inzwischen beim Patentamt in München als Marke schützen ließ. Das Wort „Eisbär“ ist Grönemeyers gegründeter Musikverlag. „Grönland“ dient als Namensgeber für Grönemeyers Plattenfirma „Grönland Records“ mit Sitz in Berlin (früher London). Immerhin ließ sein Anwalt gleich dazu verlauten, dass die Zoos keinerlei Lizenzgebühren zahlen müssen, schließlich besitze Herr Grönemeyer „die Markenrechte nur für bestimmte Produkte wie Tonträger“.

Im Grunde ist „Mensch“ nichts als eine Aneinanderreihung von Phrasen, ähnlich wie „Männer“. Vielleicht war Herbert Grönemeyer darum so überrascht, dass die Nummer so eine Wirkung erzielte. Klar, man gab sich Mühe. Klar, man hielt es für ’ne gute Nummer. Auch dass seine Tochter Marie im Chor des Songs mitsingt – so eine „ganz zarte Frauenstimme“ – , machte ihn stolz. Aber dass der Song so durch die Decke gehen würde, nein, daran hat er selbst nicht geglaubt. Für ihn ist das Album „Bleibt alles anders“ nach wie vor die komplexeste und traurigste Platte, die er je gemacht habe. Auch deshalb, weil damals niemand von den privaten Umständen wusste. „Mensch“ war dagegen vielmehr der Versuch einer Bewältigung mit einem gleichzeitigen Nach-vorne-Schauen. „Ich glaube, wenn die Menschen nicht gewusst hätten, was mir widerfuhr, dann hätte der Song anders funktioniert“, sagt er.[83] „Das Lied hat etwas sehr Optimistisches. Ich habe den Glauben an die Menschen nie verloren, sie haben mir in schwerer Zeit sehr geholfen. Trotz aller Tragik liegt darin etwas Schönes.“

Dass im Jahr 2002 die Flutkatastrophe über das Elbegebiet hereingebrochen war und plötzlich halb Sachsen, Bayern sowie Teile von

Österreich unter Wasser standen, tat sicherlich das Übrige für Grönemeyers Megaerfolg. Wer erinnert sich nicht an die schier unzähligen freiwilligen Helfer, die mit selbst gefüllten Sandsäcken versuchten, gegen die Wassermassen zu kämpfen? Helfer, die mit ihren Booten Stunde um Stunde zu den Häusern fuhren, um Familien in deren Not beizustehen. Die Jahrhundertflut war die größte Hochwasserkatastrophe, die Deutschland je erlebt hat. Gleichzeitig aber auch einer der beeindruckendsten und berührendsten Beweise von selbstloser Menschlichkeit. Und über all dem schenkte „Mensch" als eine Art Notstandshymne den Opfern jeden Tag neue Hoffnung. Denn dieser Zusammenhalt hatte eben auch hier trotz all der Tragik etwas Schönes.

Der Sänger vergleicht das Musikbusiness passenderweise mit der Lottobranche, in der man eben Glück haben und zur richtigen Zeit die richtigen Kreuze machen muss. Aufwand und Gewinn stehen dabei in keinerlei Verhältnis. In der Musik geht es ähnlich ungerecht zu wie im Sport. Mit 90 Minuten Laufen auf dem Fußballplatz kann man sehr viel Geld verdienen, ein Ruderer trainiert auch nicht weniger hart und bleibt finanziell auf der Strecke. Ob ein Song zum Hit avanciert oder nicht, kann niemand im Vorfeld sagen. Das Timing ist entscheidend.

Mindestens genauso überraschend wie der Erfolg seines Liedes war die Welle, die er mit seinem dazugehörigen Musikvideo auslöste. In Deutschland war quasi über Nacht ein regelrechtes Eisbärfieber ausgebrochen. Es gab wohl kein Kinderzimmer zwischen Bochum und Berlin, in dem nicht mindestens eines dieser kuscheligen Plüschtiere zu finden war. Die Idee, einen Eisbären in seinem Video zu verwenden, war keineswegs Zufall. Zum einen ist der Eisbär das Maskottchen von Grönemeyers Label „Grönland", er ist sogar im Logo zu sehen. Zum anderen war der Sänger davon überzeugt, dass ein Tier, speziell der Eisbär, die Melancholie und die Zuversicht in „Mensch“ einfach besser zeigen könne. Denn im Grunde genommen träumt der Eisbär ja davon, zurück nach Hause zu kommen, zurück ins ewige Eis. Es ist eben nur ein weiter Weg übers Meer bis nach Grönland ...

Doch sosehr „Mensch“ auch bejubelt wurde, der Song, mit dem Grönemeyer die meisten Emotionen auslöste, war ein anderer: „Der Weg“. „Der Weg“ ist zweifelsohne eines der persönlichsten Stücke, die der Sänger je geschrieben hat. Wer jemals mit einem Lied den Tod eines geliebten Menschen verarbeiten möchte, der würde wohl exakt diese Zeilen wählen. Er würde seine Wut herausschreien, das Leben als nicht fair beschimpfen. Und sich gleichzeitig unendlich dankbar zeigen dafür, diesen einen Menschen eine Zeit lang begleitet haben zu dürfen. „Es war ein Stück vom Himmel“, singt Herbert Grönemeyer darin und spricht damit so vielen Menschen aus der Seele, die ihrerseits mit einem Verlust zu kämpfen haben. Bevor Grönemeyer dieses Lied veröffentlichte, fragte er seine Kinder um Erlaubnis. Er wollte von ihnen wissen, ob es „nicht vielleicht zu viel sei“. Ob er seine Trauer wirklich so öffentlich darstellen solle. Ihre Antwort war: „Du hast das so geschrieben, also musst du es auch gefälligst so singen.“[84] Das hätte auch ein Satz ihrer Mutter sein können. Sowieso hört er seine Frau sehr oft in seinen Kindern. Dann denkt er, dass es doch alles sehr nach ihr klingt. Auch Anna hätte gesagt: „Jetzt zöger hier mal nicht rum, Herbert.“ Punkt. Aus. Basta.

Inzwischen ist er mit solchen Offenbarungen seines Seelenlebens vorsichtiger geworden. Heute, mit der nötigen Distanz, rudert er ein wenig zurück und sagt, dass „Der Weg“ eher ein stilisiertes Lied über Trauer sei. Und auch wenn es von seiner verstorbenen Frau Anna handle, sei es nicht die Abbildung seines Privatlebens. Die Menschen sollen – wie er immer wieder betont – nicht sein Leben hören, sondern seine Lieder für ihr Leben übernehmen können. Das tun sie auch. „Der Weg" gilt als eines der Lieder, das mit am häufigsten auf Beerdigungen gespielt wird. Das Lied als Trostspender. Irgendwie ein tröstlicher Gedanke.

2002 begann Grönemeyer seine „Alles Gute von gestern bis Mensch"-Tour und trat dabei auch in „Wetten, dass..?" auf. Die Liveshow auf Bühnen in Deutschland, Österreich und der Schweiz dauerten jeweils drei Stunden und waren ein Riesenerfolg. Nachdem zum geplanten Tourende 1,5 Millionen Zuschauer die Show besucht hatten, wurde sie bis Anfang 2005 verlängert. Am Ende hatten fast zwei Millionen Grönemeyer live gesehen – die erfolgreichste Tournee auf deutschem Boden. Die 2003 erschienene „Mensch"-Live-DVD ist die erste DVD, die es auf Rang eins der Deutschen Albumcharts schaffte. Wieder zwei Rekorde!

2007 sollte er den Wahnsinnserfolg von „Mensch" zwar nicht wiederholen, trotzdem gelang ihm mit seinem zwölften Studioalbum – das er passenderweise „12" nannte – ein durchaus beachtlicher Wurf. Siebenfach Gold, dreifach Platin. Mit „Ein Stück vom Himmel" landete er sogar abermals auf Platz eins der deutschen Singlecharts. Viele seiner Fans finden das Album sogar besser als „Mensch". In „Mensch" stechen mit „Der Weg", „Demo" und „Mensch" vor allem drei Lieder heraus. Der Rest? Gut gemacht, aber Mittelklasse. Bei „12" dagegen ist jedes Stück ein kleines Meisterwerk. Vielleicht ist darum das Cover auch so schlicht gehalten, kein Name, kein Konterfei, nur eine 12 ziert das Album. Qualität braucht kein Tamtam.

Eines der Lieblingslieder unter den Fans ist „Zieh deinen Weg", vielleicht auch deshalb, weil wieder so viel Herzblut mit drinsteckt. Der Sänger hat dieses Lied für seine beiden Kinder Felix und Marie (damals 20 und 18) geschrieben, die langsam bereit dazu waren, ins Leben zu starten. Wie jeder Vater fragte auch er sich: Was kannst du deinen Sprösslingen raten? Welche Tipps gibst du ihnen mit auf ihre Reise? „Du setzt dich ja nicht mit denen an den Küchentisch und sagst: Pass auf, benimm dich so. Die meisten Dinge wissen sie eh und haben sie auch gelernt."[85] Also verpackte er seine Ratschläge in eine Art Cat-Stevens-Nummer, so ähnlich wie „Father and Son". Nur eben auf die Grönemeyer'sche Weise. Mit „Zur Nacht" hat der Sänger auch sein erstes Schlaflied aufgenommen. Eigentlich war es ein Schlummersong für ihn selbst, schließlich macht er heute noch die Nacht zum Tag, wenn es darum geht, neue Lieder zu komponieren. Denn Grönemeyer macht die Musik immer komplett fertig. Halbe Sachen gibt es nicht. Mittendrin aufhören? Nix da. Die Melodie muss sogar so weit fertig sein, dass er keine Ausrede mehr hat, nicht zu texten. „Das ist für mich ein extremer Kampf, jedes Mal", gesteht er. Sein Gute-Nacht-Lied sollte ihm daher sagen, dass er es auch mal gut sein lassen soll mit seiner Verbissenheit. Doch darüber zu singen und die Botschaft umzusetzen sind bekanntlich zwei Paar Schuhe. Das Lied war fertig, Grönemeyer noch immer wach ...

Insgesamt wurde „12" jedoch ein sehr politisches, gesellschaftskritisches Album. „Stück vom Himmel" handelt von dem Irrsinn der Glaubenskriege, wo sich „Legionen von Kreuzrittern" blind vor Wut den Schädel einschlagen. Es ist fast zehn Jahre alt, aber aktueller denn je. Und so ernst die Lage derzeit in Europa auch ist, wenn Herbert Grönemeyer dieses Lied in seinen Konzerten anstimmt, singt das Stadion mit. Bei „Marlene" ist das weniger der Fall. Es ist ein sehr tiefsinniges Stück, bei dem die meisten Fans andächtig lauschen, sich kaum trauen, lauthals mitzugrölen. Schließlich geht es darum, dass in Afrika noch immer Millionen von Menschen mit HIV infiziert sind, je nach Region bis zu 31 Prozent der Bevölkerung. Als Herbert Grönemeyer dieses Lied schrieb, erfuhr er von einem Medikament, das man zweimal am Tag nimmt und das diese Krankheit zumindest in Schach hält. Tatsächlich verlängert diese sogenannte antiretrovirale Therapie (ART) nicht nur die Lebenserwartung, das Risiko einer Übertragung auf andere sinkt enorm. Bei Paaren wird so ein Schutz von bis zu 96 Prozent erzielt, ähnlich hoch, wie er bei einer Impfung wäre, heißt es in einem WHO-Bericht. „Treatment as Prevention", Behandlung als Vorbeugung, so die Strategie. Doch diese Behandlung bekommen gerade mal zehn Prozent der Erkrankten, „wenn überhaupt", klagt Grönemeyer. Darum singt er, dass sich „Marlene" wie eine Verräterin fühlt, weil sie eben ihre Dosis zweimal am Tag bekommt. Der Titel „Marlene" kam übrigens daher, dass er seinem Kumpel Alex Silva zeigen wollte, wie ein typisch deutsches Lied zu schreiben sei. Und da ist ihm als Erstes „Lili Marleen" eingefallen. Das Volkslied war während des Zweiten Weltkrieges die inoffizielle Hymne der Soldaten an sämtlichen Fronten. Jeder Deutsche konnte damals die Zeilen mitsummen: „Vor der Kaserne vor dem großen Tor ..." Lale Andersens „Lili Marleen" schenkte den Menschen Hoffnung. Grönemeyers „Marlene" sollte das auch.

Und weil eine Platte so ganz ohne Romantik nun mal keine richtige Grönemeyer-Platte ist, legte er auch hier sein Herz abermals auf die schwarz-weißen Tasten. „Du bist die" – ein Liebeslied an seine damalige Freundin Sonja F. Es war die erste Nummer, die er für das Album geschrieben hat. In Köln im Hyatt lustigerweise. Da stand ein Klavier im Zimmer, und Grönemeyer konnte nicht widerstehen. Komponiert hat er den Song bereits im Winter 2002, wenige Monate nach ihrem Kennenlernen in der Züricher Disko „Kaufleuten". So viel zum Thema, er hätte die Trennung in diesem Lied vorhergesehen. Nein, hier sprach schlicht ein verliebtes Herz, das Angst hatte, erneut zu zerbrechen.

Wie sehr der Sänger oftmals missverstanden wird, zeigt sich in keinem Album besser als in „Schiffsverkehr", seinem dreizehnten Studioalbum. Obwohl sie bereits einige Tage nach der Veröffentlichung am 18. März 2011 die Spitze der deutschen, österreichischen und schweizerischen Albumcharts erreicht, gilt die Platte – dieses Mal wieder mit Gesicht und Denkerpose – unter Fans und Kritikern gleichermaßen als „Stiefkind". Die „Frankfurter Allgemeine" schrieb über ihn: „Grönemeyer hat sich in den eigenen Wind gedreht ohne Rücksicht auf Geschmackskompatibilität, was auf die Fangemeinde zunächst einmal verstörend wirken mag." Der Sänger selbst sagt, dass er ein Album machen wollte, „das knackt, das knallt, das den entscheidenden Schritt nach vorne geht und wirklich etwas Neues bringt".[86] Die letzten Alben „Bleibt alles anderes", „Mensch" und „12" ergeben, rückblickend betrachtet, eine stimmige Trilogie. „Schiffsverkehr" war für ihn ein Neustart. Oder um es mit seinen Liedern zu sagen: In „Mensch" steht er noch am Strand des Lebens, in „Kreuz meinen Weg" begibt sich sein Herz auf Kaperfahrt.

Oder auf Irrfahrt. Denn vor allem der Text zu „Schiffsverkehr" hat bei den Zuhörern fragende Gesichter hinterlassen. Die erste Reaktion war quasi überall gleich: „HÄ?!" Niemand hat verstanden, dass sich hinter den verquer anmutenden Zeilen nichts als kindliche Freude versteckt. Als kleiner Junge war Herbert Grönemeyer mit seinen Eltern im Urlaub nämlich oft nach Holland ans Meer gefahren. Bis heute liebt er die hohe See, ihre Kraft, ihre Freiheit. Die Idee für den Song kam ihm in einem Sommer in Stockholm. Wie die Boote da in den Schären durcheinanderflitzten, „das hat etwas von Lebensfreude", erklärt er. Genau diese Schiffsromantik wollte er bei „Schiffsverkehr" ins Rennen bringen. „Das versteht vielleicht nicht jeder und denkt, ich sei ein bisschen bekloppt. Aber ich mag das."[87] Und wenn er am Strand sitzt und die Schiffe vorbeifahren sieht, spürt er auch im hohen Erwachsenenalter das Kind in sich. Der Sänger ist selbst leidenschaftlicher Segler, hat einen Hochseeschein. Man sieht es bildhaft vor sich, wie er auf seiner Schaluppe über das Wattenmeer schippert, die Kapitänsmütze tief über die Augen gezogen, die Nase in den Wind gestreckt. Vielleicht fällt die Vorstellung so leicht, weil man ihn so schon gesehen hat: 1981 in Wolfgang Petersens Blockbuster „Das Boot".

Wie kaum ein anderer Künstler hat Herbert Grönemeyer den Anspruch, sich von Album zu Album neu zu erfinden. Das ist gar nicht mal so leicht, schließlich sind seine Mittel nach zwölf Alben durchaus beschränkt. Einige neue Melodien fliegen ihm einfach so zu, andere muss er sich hart erarbeiten. Er sieht sich darum als Handwerker, als „technisch versierter Handwerker" natürlich – so viel Zeit muss sein –, der mittlerweile auf ein paar Jahrzehnte Berufserfahrung zurückblicken kann. Dass er bei seinen musikalischen Forschungsreisen nicht alleine ist, sondern mit Alex Silva einen Ansprechpartner hat, ist für seinen Erfolg entscheidend. „Es ist eine unheimlich erfreuliche und ertragreiche Verbindung." 2010 saßen sie bereits gemeinsam an der Filmmusik zu „The American", dem Film seines Freundes Anton Corbijn, und sind dann übergangslos an die Arbeit zum neuen Album gegangen. Entstanden ist „Schiffsverkehr" in drei verschiedenen Studios, die alle drei Popgeschichte geschrieben haben: dem Studio von Abba bei Stockholm, den Abbey-Road-Studios in London und den Hansa-Studios in Berlin, in denen David Bowie, U2, REM und die Pet Shop Boys ihre Platten aufgenommen haben.

Normalerweise ist eine Grönemeyer-Platte immer nur so gut und erfolgreich wie die zwei, drei Balladen, die darauf sind. „Bei diesem Album gilt das nicht", protestiert er. Dieses Album besteche eher durch die schnellen und druckvollen Stücke. In der Tat: Wenn die rockende E-Gitarre röhrt, die beiden Schlagzeuge wie bei „Kreuz meinen Wegen" ihre Wucht demonstrieren, denkt man an Schlaghosen, Beatkeller, David Bowie. Dass das Grönemeyer ist, wird erst klar, wenn die Stimme einsetzt. Aber genau das wollte er, diesen unfertigen Sound aus den 80er-Jahren einfangen, so wie damals, als alles angefangen hatte. Er fragte sich, ob er es schaffen würde, eine Platte hinzukriegen, die dieselbe Unbekümmertheit, Kraft und Frische seiner allerersten Platten hat. Das war sein Ansatz. Ob er dieser Sehnsucht gerecht wurde? Die Antwort darauf gibt sein Sohn Felix: „Was meine Musik und meine Texte angeht, haben beide Kinder eine recht dezidierte und trockene Meinung. Felix fand: Das klingt überraschend modern.“[88]

Es war wohl ein wenig die Eitelkeit, die Grönemeyer dazu bewog, 2012 mit „I Walk“ ein weiteres englischsprachiges Album aufzunehmen, auch wenn er das sicherlich niemals zugeben würde. Nachdem er 1988 mit „What‘s All This“ zumindest in Kanada einigen Erfolg verbuchen konnte – der Rest der Welt verweigerte sich rätselhafterweise dem Charme der Zeilen „Bochum, you're in my bones. Oh, Glück auf, my home“ – , sollte das internationale Musikbusiness ihn endlich kennenlernen. Während sich seine ersten englischen Versuche noch auf die Übersetzungen seiner deutschen Texte beschränkten, stellte er bei „I Walk“ gleich drei neue Songs vor. Zudem holte er sich prominente Unterstützung auf die Bühne. So sang er „Mensch“ (der deutsche Titel blieb erhalten) beispielsweise im Duett mit seinem Kumpel Bono. Und er teilte sich wie bei der ersten Singleauskopplung „Will I Ever Learn“ das Mikrofon mit dem britischen Sänger Antony Hegarty von Antony and the Johnsons. Auch wenn sein Englisch vom Feuilleton nach wie vor belächelt wurde, eine künstlerische Niederlage war dieses Album nicht. Tatsächlich zählt es mit zum Besten, was Grönemeyer in seiner mittlerweile fast 40-jährigen Karriere veröffentlicht hat.

Amüsiert hat man sich – wenn überhaupt – über das Cover der Platte. Darauf sieht man den Sänger bedächtig in der Toröffnung einer schmucklosen Mauer stehen, mit beiden Beinen fest auf dem Boden. Während über ihm der Titel „I Walk“ geschrieben steht. Ich gehe. Ja, von wegen.

Tatsächlich führte ihn sein Weg ein Jahr später nicht nur zurück ans Klavier. Sondern auch zurück auf die Kinoleinwand. Wieder war sein Freund Anton Corbijn der Initiator. Corbijn, eigentlich Fotograf, führte Regie und wollte Herbert Grönemeyer als Hauptdarsteller besetzen. Wenn man bedenkt, dass in Corbijns letztem Film noch Hollywoodstar George Clooney mitwirkte, war das für den Sänger mehr als nur ein Ritterschlag. Doch die amerikanisch-englischen Produzenten kannten den Namen Grönemeyer nicht. „Who the f... is Greenmeyer?!" oder so ähnlich muss es gewesen sein. Schließlich wurde Oscar-Preisträger Philip Seymour Hoffman an Bord geholt. Im Nachhinein die richtige Entscheidung, findet selbst Grönemeyer: „So ein hohes Level, das kann ich nicht spielen." Dass er wie auch bei „The American" wieder die Filmmusik schreiben sollte, stand dagegen von Anfang an außer Frage. Das ist eben sein Genre, das macht ihm Spaß. Obwohl Grönemeyer inzwischen Lunte gerochen hat, wie es so schön heißt: „Ich würde auch gerne mal wieder einen Film drehen, so ist es nicht", betont er.[89] Immerhin übernahm er bei „A Most Wanted Man" dann wenigstens eine kleine Rolle. Grönemeyer spielte „Axel Rob", den Chef von Philip Seymour Hoffman, der die Ermittlungen gegen einen jungen Moslem unter Terrorverdacht leitet. Der Sänger trug Anzug, Krawatte, Aktentasche und Brille, wirkte wie ein seriöser Zwilling seiner selbst. Der Film – nach John le Carrés Roman „Marionetten" – entstand hauptsächlich in Hamburg, Grönemeyer drehte seine Szenen praktischerweise in seinem Berlin. Unter anderem im Ludwig-Erhard-Haus in der Fasanenstraße, das kurzerhand zum Innenministerium umfunktioniert wurde. Die Deutschlandpremiere: 11. September 2014.

Über den Tellerrand hinausschauen, Neues ausprobieren, das kann keiner besser als Herbert Grönemeyer. Und wenn es darum geht, jemanden zu finden, der es schafft, Goethes „Faust" musikalisch zu interpretieren, dann ja wohl wieder mal nur er. Viele haben sich daran versucht, fast alle sind gescheitert. Dieses Duo nicht. US-Regielegende Robert Wilson übernahm die Inszenierung, Grönemeyer steuerte die Musik bei. Ganze Szenen wie den Osterspaziergang hat er vertont. Manchmal geriet ihm das allerdings ein bisschen zu sehr zum Grönemeyer-Musical. „Wenn man das das erste Mal liest, denkt man: ‚Oh Gott, was ist das denn?‘ So sperrig“, erzählt er rückblickend.[90] Aber gerade die ältere Sprache war es, die für ihn den Reiz ausmachte. Das hatte so „eine Wucht!“. Bereits 2003 arbeiteten Wilson und Grönemeyer zusammen an einer Theateraufführung am Berliner Ensemble, damals noch für Georg Büchners Satiremärchen „Leonce und Lena“. Gut zwölf Jahre später sollte diese Freundschaft nochmal Früchte tragen. „Herbert hat eine Art zu reden, zu singen oder Musik zu machen, mit der er jeden erreicht, mit der er überall verstanden wird“, zeigt sich Wilson begeistert. Und auch Herbert Grönemeyer weiß diese Freundschaft zu schätzen. „Es macht unheimlich Spaß, mit ihm zu sitzen und auch einfach gar nichts zu reden. Davon gibt es nicht so viele Menschen im Leben.“[91] Vier Stunden dauerte die Vorstellung am Berliner Ensemble. Zwar waren nicht alle Kritiken positiv. Bei ihrer „Faust“-Premiere jedoch überwog der Jubel. Und vor dem großartigen Ensemble ging sogar Herbert Grönemeyer in die Knie.

Wenn man also zurückblickt auf alle Studio-, Remix- und Livealben plus Soundtracks, Best-ofs und englischsprachige Alben, die im Laufe seiner Karriere entstanden sind, stellt sich zu Recht die Frage: Was hat uns Herbert Grönemeyer noch zu erzählen?

Die Antwort darauf gibt er mit seinem 14. Studioalbum „Dauernd Jetzt“. Es ist ein sehr aufgeräumtes Album, bei dem das Zuhören wieder Spaß macht. Das liegt zum einen daran, dass man den Sänger dieses Mal erstaunlich gut versteht. Vorbei sind die Zeiten, in denen nur das Booklet weiterhelfen konnte. Zum anderen daran, dass es mehr Wohlfühlpop ist statt schwere Kost. Man merkt der Platte an, dass der

Sänger wieder in einer glücklichen Beziehung ist, sie sprüht förmlich vor Optimismus. Schon im Opener „Morgen“ klingt er klar, deutlich und fast gut gelaunt. „Uniform“ ist ein klassischer Grönemeyer-Hit und auch die Balladen wie „Ich lieb mich durch“ sind gut. Okay, so ganz ohne Pathos funktioniert ein Herbert Grönemeyer auch im Jahr 2014 nicht. „Roter Mond“ oder „Feuerlicht“ drücken schon stark auf die Tränendrüse. Doch gerade diese beiden Songs gehören neben „Fang mich an“ zu seinen Lieblingen auf der Platte. Sowieso zeigt sich der Perfektionist überraschenderweise zufrieden mit dem Gesamtergebnis, sagt, dass ihm die Platte „schon relativ gut gelungen“ ist.

Was seiner Meinung nach auch an der Zusammenarbeit mit Annette Humpe liegt, die sich spätestens mit Ich + Ich einen eigenen Namen in der Musikszene gemacht hat. Grönemeyer ist schon seit Längerem auf der Suche nach einem Partner, mit dem er zusammen texten kann. Weil er es schön findet, wenn die eigene Platte zwischendurch eine andere Farbe bekommt. „Und dann hab ich die einfach angesprochen“, erzählt er. Er kannte Annette Humpe zwar nicht persönlich, nur vom Namen her, aber ihre Lieder – und vor allem ihre Texte – waren ihm Referenz genug. Der Sänger fragte sie, ob sie ihm nicht ein paar passende Zeilen für seine Melodien liefern könne. Doch Humpe gab ihm anfangs einen Korb, schließlich schreibe sie nie Texte auf Musik, sagte sie. Das könne sie nur andersherum. Also lieferte sie ihm einen fertigen Song, der, wie sie meinte, „ein typischer Herbert“ sei. Und Grönemeyer war „Einverstanden“, wie auch der Titel heißt. Es war nicht das erste Mal, dass der Sänger sich fremde Songs dazukauft. Den früheren Hit „Alkohol“ hatten ihm sein Bassist und sein Gitarrist geschrieben.

Eine Neuerung gibt es dennoch auf dem Album. Bislang hat Grönemeyer im Wesentlichen drei Arten von Songs geschrieben: die Ihr-Lieder, in denen er Missstände anprangert, die Ich-Lieder, die von Bekenntnis und Einkehr handeln, und die Du-Lieder, in denen es um Liebe und das Austeilen von Lebensweisheiten geht. Auf „Dauernd Jetzt" kommt nun ein neues Modell dazu: das Wir-Lied. Mit „Unser Land" beschreibt er etwas ungelenk, aber dafür umso treffender die deutsche Selbstliebe. Jeder kann sich in diesem Lied wiederfinden, alles ist drin, die ewige Sorge um die Vergangenheit, das Effizienzdenken, die „German Angst", das Feiern des Querdenkertums und der Wohlfahrtsstaat. Als Grönemeyer das Album im November 2014 im Berliner Restaurant „Grill Royal" vorstellte – einem Steakhaus direkt an der Spree, das sonst von reichen Kunstsammlern besucht wird und Leuten, die sich in Gegenwart von reichen Kunstsammlern wohlfühlen –, vermied er bewusst den Augenkontakt mit den Journalisten und Kritikern des Feuilleton. Es hat immer etwas Eigenartiges, in Gegenwart eines Künstlers dessen neue Musik vorgespielt zu bekommen und vom Künstler dabei beobachtet zu werden, wie man ihn beobachtet. Herbert Grönemeyer kam darum erst dann zur Pressekonferenz, als die Musik vorbei war. Wohl um genau jenen unbehaglichen Moment zu vermeiden. Sicherlich aber auch, weil er wusste, dass diese neue Platte keine Neuerfindung ist, sondern solide Handarbeit und dass die Reaktion im Publikum nicht durchweg positiv sein würde.

Obwohl auch „Dauernd Jetzt" auf Anhieb auf Platz eins der Charts in Deutschland, Österreich und der Schweiz eingestiegen ist, sich abermals Gold- und Platinstatus sicherte, fehlt es der Platte an einem richtigen Hit. An einem Ohrwurm wie „Bochum" oder „Mensch". Dazu konnte ihm dieses Mal auch nicht die großartige Annette Humpe verhelfen. Aber viel wichtiger als der Erfolg ist die Erkenntnis, dass Herbert Grönemeyer mit sich und der Welt seinen Frieden gemacht hat. Wenn er auf diesem Album singt, dass das Leben gut zu ihm ist, glaubt man ihm das.

So, wie es ist, ist es gut.

KAPITEL 5

60 Jahre

Zwischen Wut und Weisheit

Seine Tochter sagt über ihn, er sehe immer so unschuldig aus, sei es aber ganz und gar nicht. Denn wenn's kippt, fliegt auch schon mal eine Tasse. Oder eben eine Aktentasche, wie bei seinem Paparazzierlebnis am Flughafen Köln-Bonn. Auch Herbert Grönemeyer selbst beschreibt sich zwar als im Grunde genommen sehr geduldigen Menschen. Aber er ist nun mal Sternzeichen Widder. „Und wenn ich aggressiv werde, wird's furchtbar. Dann werde ich ganz eng", gesteht er.[92] Der Sänger weiß genau um den Vulkan, der in ihm brodelt. Dieses Getriebene, Drängende, Fortschreitende – im gesunden Maße sei das ja okay, aber manchmal eben auch nicht.

Das Kaffeetrinken hat er sich darum vor Jahren abgewöhnt, das gehe nicht mehr, meint er. Er werde dann „ganz hyper" und rede dreimal so schnell wie normal. Zu viel Koffein tut ihm sowieso nicht gut. Seine Band hat ihm den Spitznamen „Kampfsänger" nicht von ungefähr gegeben. Weil es selbst beim Singen nicht ohne eine gewisse Portion Geifer geht, was jeder sehen und vor allem hören kann. Auch sein damaliger Regisseur Peter Zadek hat immer zu ihm gesagt, dass er doch vor jeder Vorstellung erst einmal eine Stunde Waldlauf machen solle. Damit er runterkommt, ein wenig von seiner Energie verbraucht, um wenigstens einen vernünftigen Ton während der Vorstellung herauszubringen. Denn seine Energie – sie scheint auch mit 60 Jahren schier unerschöpflich. Genau wie seine Wut, die weiterhin in seinen Adern brodelt.

Eigentlich könnte man ja meinen, dass diese Wut in ihm mit den Jahren abklinge, dass dieses unbedingte Wollen im Alter nicht mehr ganz so exzessiv ist. Doch bei Herbert Grönemeyer ist das Gegenteil der Fall. „Die Wut ist nach wie vor da", bejaht der Sänger. Die Gefühle, die Intensität seines Zorns und der Leidenschaft, all das legt sich bei ihm nicht. Das wär auch schade, findet er. Das sei ja der Trieb, sein Antrieb! Zum Glück. Sonst könnte er ja gleich „die Kiste zumachen".

Doch woher kommt so eine Wut, wie Herbert Grönemeyer sie in sich trägt? Warum werden wir überhaupt wütend? Man gerät üblicherweise in Rage, wenn die Dinge nicht so laufen wie gewünscht, wenn man missverstanden wird oder wenn der Standpunkt mit dem Standpunkt einer anderen Person kollidiert. Wir werden wütend, wenn uns gesagt wird, dass wir falschliegen, während wir denken, dass wir recht haben. Die meisten von uns verwechseln Wut allerdings mit Aggression. Sogar in Therapien lernen wir, auf Kissen einzuschlagen, um unseren inneren Zorn zu zügeln, aber nicht, die eigene Wut zu kultivieren. Schmerz, Angst und Trauer sind als Zeichen tiefer Gefühle längst gesellschaftlich akzeptiert – für Wut existiert selten ein solch bewusster Raum.

Wut in ihrer reinen Form ist jedoch eine verletzliche Emotion. Sie zeigt, dass einem etwas bedeutet und dass man dies energetisch betonen will. Das ist keine Scham und keine Beschuldigung, nur loderndes, reines Feuer. Der renommierte Therapeut Robert August Masters spricht von einer „Herz-Wut", einer Wut voller Leidenschaft, Mitgefühl und Achtsamkeit. „Es ist wirklich wichtig zu verstehen, dass es eine Möglichkeit gibt, wütend zu sein mit einem offenen Herz. Wir können Mitgefühl für die Person haben, auf die wir wütend sind, und Mitgefühl mit uns selbst, während wir wütend sind", beschreibt es der Experte. Masters teilt die Wut in vier Stufen ein: Wut unterdrücken, Wut ausdrücken, Wut achtsam halten und die sogenannte Herz-Wut. Wobei die Letztere die besten Aspekte aller vorhergehenden Stufen in sich vereint. „Herz-Wut" ist kein Zeichen von Distanzierung, sondern ein Zeichen von Nähe. Mehr noch:

Wut in ihrer reinen Form steht für Kraft – und diese Kraft ist laut Robert August Masters einer der Schlüssel zum inneren Frieden. Denn wenn wir die Wut zulassen, erhöhen wir die Chance, dass sie nicht zu Aggressivität, Feindseligkeit oder gar Hass mutiert, sondern vielmehr in eine in Mitgefühl zentrierte Aktivität. Indem wir unsere Wut weder verbannen noch destruktiv nutzen, können wir diese Energie positiv umsetzen. „Wut kann Liebe sein – lassen wir zu, dass es so ist", fordert Masters.

Diese „Herz-Wut", sie ist Teil von Grönemeyers Natur. Teil seines Erfolgs. Schließlich spiegeln sich all seine Gefühle in seinen Liedern und Texten wider. Die Frage, die er sich beim Komponieren stellt, ist darum stets, wie er seine Gefühle äußern soll. Wie kommt man an die Menschen heran, wie formuliert man das in den Texten? Grönemeyer legt Wert darauf, dass seine Platten eine gewisse Stärke ausstrahlen, eine Atmosphäre hinterlassen. Jeder, der seine Lieder hört, soll seine Liebe, seine Zweifel, seine Ängste – und seine Wut spüren. Das ist seine Form der Therapie. „Ich bin halt einer, dem's ganz guttut, wenn er erst einmal durchatmet und dann was sagt. Fällt mir schwer."[93] Schließlich ist er ein Osterkind, eines, das schon immer mit dem Kopf durch die Wand wollte. Was passiert, wenn er nicht die Chance zum Durchatmen bekommt, nicht überlegen kann, wie sich seine Wut zügeln lässt, das haben in seinem Umfeld bereits alle erlebt. Sei es der Rundumschlag in Richtung seines Kumpels Bono nach dessen PR-Aktion mit Apple, Musik einfach so zu verschenken. Sei es im Polittalk mit Günther Jauch zur Flüchtlingskrise oder eben dieser leidliche Vorfall kurz vor Weihnachten mit den Paparazzi am Flughafen. Da konnte er seinen Zorn nicht kanalisieren, da musste er raus. Unbeherrscht.

Zu entspannen fällt ihm in der Tat schwer. Aber deshalb hat er ja die Musik, ein unglaubliches Ventil. Könnte er die Macht der Melodien nicht für sich nutzen, „ich wäre vielleicht ungenießbar". Schon in der Pubertät haben ihm das Singen und Musizieren bei all den kleinen und großen Krisen, die er durchlaufen musste, geholfen. Die Dramatik, sie steckt ja tief drin in ihm. Grönemeyer beschreibt die Melancholie als „elementaren Bestandteil" eines jeden Menschen. Es ist ein Innehalten. Man horcht in sich hinein: Was prägt dich, was hast du mitgemacht in deinem Leben? Wo befindest du dich jetzt? Melancholie ist ein Aufladen,[94] „um auf der anderen Seite das Glück und den Frohsinn genießen zu können. Die andere Seite der Waage. Kein Selbstmitleid. Eher Selbstmitgefühl." Ohne die Musik, davon ist der Sänger überzeugt, wäre er ein großer Melancholiker geworden. Es gibt viele Menschen, die nach Tibet reisen, um dort in der Meditation ihre innere Mitte zu finden. Oder sie pilgern über den Jakobsweg von Pamplona bis nach Santiago de Compostela, um Erleuchtung und Entspannung zu erfahren. Laut Grönemeyer könnten die genauso gut im Kirchenchor in Gelsenkirchen singen. Das bringe dasselbe und sei zudem viel günstiger.

Grönemeyer jedoch als notorischen Dauernögler zu bezeichnen, als jemanden, der ständig mit allem hadert, ist falsch. Auch das Bild des völlig verkopften Künstlertyps, der vor lauter Ideen nicht alleine über die Straße kommt, weist der Sänger weit von sich. Wie er sich denn selbst sieht? „Eigentlich als eine ziemliche Frohnatur." Die Einzige, die ihn als ruhig und ernst bezeichnete, war seine Mutter, weil sie sowieso nur selten mit ihm gesprochen hat. „Aber ansonsten bin ich eine Quasselstrippe und auch relativ aufgekratzt", sagt er und ergänzt: „Ich trage die Musik immer bei mir. Das ist mein persönlicher Hochsicherheitstrakt."[95]

Da spricht – zumindest ein wenig – die Weisheit aus ihm. Vielleicht auch die Altersmilde? Denn wer nur einen einzigen Tag mit dem Ruhrpottkind verbringt, der wird sich wundern, wie wenig Rock 'n'

Roll sich noch in seinem Alltag befindet – und wie erstaunlich viel Vernunft. Und gute Laune! Was kaum einer glaubt: Der Sänger ist in der Tat alles andere als ein grantiger Morgenmuffel. Schon morgens schlendert er mit einem Lied auf den Lippen zwischen Badezimmer und Küche hin und her. Zuhörer braucht er nicht, er singt allein für sich. Weil es sich gut anfühlt und ihm guttut. Sowieso singt er zu Hause stundenlang, sehr zur Freude seiner Familie und seiner Freundin. Da sitzt er dann am Klavier, hat seine großen Kopfhörer auf und trällert und quietscht grinsend vor sich hin. Dass seine Stimme so klingt, wie sie klingt, liegt daran, dass er sich beim Singen so freut. „Ich habe ganze Mikrofone kaputtgesungen", sagt er.

Seit er seine Kinder nicht mehr morgens zur Schule bringen muss, gönnt er sich den Luxus des Ausschlafens. Ohnehin hat Grönemeyer seinen ganz eigenen Tagesrhythmus. Durch seine Theaterzeit ist er es noch heute gewohnt, nachts fit zu sein. Aufgestanden wird dann nicht vor neun oder halb zehn. Zum Frühstück gibt es etwas Herzhaftes, Brot, Käse, Ei. Süßes isst er eher weniger. Früher hat er immer Porridge und eine Banane gegessen. „Und dann war ich in Hamburg bei einem Biochemiker, der mir gesagt hat, das wäre völlig falsch, damit würde man direkt die Gallenblase – glaube ich – blockieren und die Fettverbrennung stoppen."[96] Seitdem trinkt er Tee. Grünen Tee mag er, Oolong-Tee ebenfalls. Wer das typische Rockstarfrühstück in Form von Kaffee und Kippe erwartet, wird enttäuscht. Dieser Herbert Grönemeyer achtet auf sich und seinen Körper. Dazu gehört auch Sport. Der Sänger macht passenderweise Pilates, schließlich stammt dieses sanfte Ganzkörpertraining – genau wie er selbst – aus Westfalen, wurde im 19. Jahrhundert von dem Mönchengladbacher Joseph Hubert Pilates ins Leben gerufen. Pilates trainiert primär die Becken-, Bauch- und Rückenmuskulatur, macht also eine weiche Hüfte, die Herbert Grönemeyer in seinem Musikvideo „Fang mich an" auf fast schon anmutige Art und Weise demonstriert.

Wer glaubt, dass Grönemeyer nicht tanzen kann, wird in diesem Video eines Besseren belehrt. Gut, er ist kein Gene Kelly, der einst zu „Singing In The Rain" durch die Straßen steppte. Er weiß, dass er eher tapst als tanzt. Aber Grönemeyer zeigt mutig Hip-Hop-Schritte, ein wenig Breakdance und dazu einen versuchten Moonwalk. Der Sänger nahm dafür sogar extra Tanzstunden bei der argentinischen Choreografin Constanza Macras, schwärmt: „Ich konnte in eine Welt eintauchen, die ich so nicht kannte."[97] Die Idee, in einem seiner Videos mal richtig zu tanzen, schlummerte schon lange in ihm. Dass sie dann für die Ballade „Fang mich an" umgesetzt werden sollte, war eine zusätzliche Herausforderung. Eine schmerzliche dazu. Nach dem Dreh hatte er tagelang ein dickes Knie, weil er sich so oft auf die Straße werfen musste. Zoran Bihac, der Regisseur des Videos, zeigte sich zufrieden mit dem körperlichen Einsatz seines Hauptdarstellers. Bihac hatte schon mit jedem gedreht, mit Popper, Rocker, Hip-Hopper, da gibt's immer Ego-Geschichten. Aber bei Herbert Grönemeyer? „Alles easy", lobte er. Der nehme sich nicht wichtiger als die Sache. Im Gegenteil: Während die Filmleute trotz Daunenjacken und Skikleidung am Set um die Wette froren – gedreht wurde bis weit nach Mitternacht, Grönemeyers Zeit –, sorgte der Sänger mit Anekdoten für etwas erwärmende Unterhaltung. Besonders eine Geschichte blieb der Crew in Erinnerung: Grönemeyer erzählte, dass er mal einen Videoregisseur hatte, für den er extra nach New York geflogen sei. „Doch der fand mich so interessant wie 'nen Schuss ins Knie", lacht Grönemeyer.[98] Er hatte den Job in der Tat nur angenommen, damit er eine Ausrede finden konnte, um heimlich bei seiner amerikanischen Affäre zu sein. Das Video damals sei übrigens Mist gewesen. Das sollte Zoran Bihac nicht passieren: noch mal rauf an die Wand, Herbert. Noch mal tanzen. Noch mal drehen. Autsch. Vor allem bewegungstechnisch kam der Sänger bei diesem Musikvideo an seine Grenzen. Eine Drehung haben sie sogar die Herbert-Drehung getauft, weil er sich jedes Mal dabei tierisch einen abbrach.

Aber das Tanzen tue, wie er sagt, dem Kopf gut, wenn man sich darauf einlasse. Gänzlich neu für ihn waren zum Beispiel die Lernübungen, die Constanza Macras ihm beigebracht hat. Übungen für eine bessere Körperspannung. Einmal musste er so tun, als ob ihn jemand verfolgen würde. Ein anderes Mal entspannt die Straße entlanggehen, sich vorstellen, seine linke Hand wäre Wasser und die rechte eine Blume. „Klingt völlig bescheuert", lacht er, „aber es hat Spaß gemacht." Und wenn er hüpft, sich dreht, sich wie ein junger Hüpfer wälzt, auf dem Boden, auf dem Boden – klingt fast wie eine Strophe aus „Fang mich an" –, sieht man, dass sich auch das Pilates-Training durchaus gelohnt hat.

Zusätzlich sitzt Grönemeyer regelmäßig auf dem Fahrrad und stählt seinen Körper mit Sit-ups und Liegestützen oder „Press-ups", wie es der Engländer in ihm nennt. Im Sommer geht er laufen, im Winter trainiert er die Ausdauer eher mit Langlauf. Alpines Skifahren darf er nicht, zu hoch ist dabei die Verletzungsgefahr. Die nächste Tour steht schließlich an, und für einen Konzertausfall wegen eines Skiunfalls würde die Versicherung nicht aufkommen. Also quält sich Grönemeyer auf der Loipe. Aber wer schön sein möchte, muss bekanntlich leiden. Und weil der Sänger auf der Bühne nicht nur in Sachen Kondition eine gute Figur machen, sondern auch sonst „prächtig aussehen" möchte, heißt es eben: schwitzen, schwitzen, schwitzen. Der Fleiß zahlt sich aus. Der leichte Bauchansatz mag täuschen, aber Herbert Grönemeyer ist topfit. Vor allem für einen 60-Jährigen. Was vielleicht auch daran liegt, dass er nie wirklich erwachsen geworden ist. Oder wie er selbst es formuliert: „Ich bin die wandelnde Pubertät."

Apropos Pubertät ... einen entscheidenden Vorteil hat dieses Peter-Pan-Syndrom für Männer wie Herbert Grönemeyer. Wer sich nicht alt fühlt, landet auch nicht in der Midlife-Crisis. Dieser Kelch, so sagt er selbst, sei zum Glück an ihm vorübergegangen. Was vielleicht auch daran lag, dass er in den typischen Jahren einer solchen Sinnkrise – zwischen 40 und 50 – keine Zeit für diese Art der „Schwäche“ hatte. Seine Frau war gestorben, seine Kinder brauchten einen Vater. Da leistet man sich keinen neuen Porsche und rennt nicht dreimal am Tag ins Fitnessstudio, um sich ein Sixpack anzutrainieren. Da versucht man einfach nur durchzuhalten.

Dem Wohlstandssyndrom allerdings konnte er sich nicht ganz entziehen, was bei seinem Erfolg und dem Geld nur allzu menschlich ist. Auch wenn sich das mit seinen drei Häusern – in Berlin, London und Spanien – einigermaßen in Grenzen hält. Von einem eigenen Hubschrauberlandeplatz und der XXL-Jacht vor der Küste Monacos ist er weit entfernt. Was ihn aber prägt, ist die ewige Pubertät, in der er auch mit 60 noch zu stecken scheint. Von Familientherapeut Dan Kiley stammt die Wortneuschöpfung des Peter-Pan-Syndroms, mit der er Männer beschreibt, die einfach nicht altern wollen. Männer, die das Kind in sich hegen und pflegen, die sich genau wie Peter Pan weigern, erwachsen zu werden.

Äußerlich trifft das sicherlich auf Grönemeyer zu. Er trägt mit Vorliebe Sneakers, T-Shirts, schrille Socken (bevorzugt in Knallorange), bunte Hosen. Hemd oder gar Krawatte sucht man bei ihm vergebens. Ohne das Jackett würde das Outfit fast an einen 20-Jährigen erinnern. Auch sein Verhalten ist eher untypisch für einen Mann, der eigentlich schon in Frührente gehen könnte. Und das hat gar nicht mal nur damit zu tun, dass er eine blutjunge Freundin hat, die locker seine Tochter sein könnte. Nein, er hat sich seine kindliche Freude bewahrt. „Ich bin da ein bisschen Kindskopf“, gesteht er.

Wer mit 42 Jahren anfängt zu rauchen, kann auch anders kaum bezeichnet werden. So etwas gilt normalerweise als Jugendsünde. Als eine Dummheit in einem Alter, in dem man es leider nicht besser weiß, und für die man dann eben sein Leben lang büßen muss. Aber mit über 40 sollte man in diesem Denken reifer sein. Erst recht, weil Herbert Grönemeyer verrät, vorher nie auf Lunge geraucht zu haben. Und weil er seine „Drogenvergangenheit" als furchtbar beschreibt. Es war 1981 bei den Dreharbeiten zu „Das Boot". Als einige Szenen abgenebelt wurden, damit das Bild auch ohne Filter einen schummrigen Effekt bekommt, wurde der künstliche Dunst von einigen Schauspielern gerne mal genutzt, um ein paar Joints – „so richtig große Tüten" – herauszuholen und herumzureichen. Whiskey und Bier standen sowieso überall herum. Aber mit dem Joint hatte der Sänger so seine Probleme. Kaum hat er einmal daran gezogen, bekam er einen regelrechten Kreislaufkoller: „Ich lag auf dem Bett, alles drehte sich, ich dachte, ich gehe fliegen, wusste überhaupt nicht, wie ich heiße, und war schweißgebadet."[99] Damals hatte er nicht mit dem Rauchen angefangen, weil er eben nicht inhalieren konnte. Inzwischen kann er es, und deswegen fällt ihm das Abgewöhnen auch so schwer. Die Luft in seinen Lungen, sie hat für ihn etwas Erwärmendes. Wenn seine Kinder ihn mal beim Rauchen „erwischen", pöbeln sie zwar herum, er sei drogenabhängig und furchtbar charakterschwach. Aber Grönemeyer bezeichnet sich selbst nicht als großen Raucher. Die Zigarette entspannt ihn einfach. Oder anders formuliert: Der Dampf nimmt ihm den innerlichen Dampf.

Vielleicht kommt er deshalb auch so entspannt mit dem Älterwerden klar. Sicher – das Abnehmen ist und bleibt für ihn ein Dauerthema. Das wird mit seinen 60 Lenzen auf dem Buckel auch nicht leichter werden. Natürlich zwickt das Knie mal hier und da. Aber das war's dann auch schon mit den Zipperlein. Die schwarze Brille mit dem dicken Rahmen steht ihm, die wirkt mit der Zigarette sogar noch intellektueller. Ja, selbst die ihm drohende Glatze konnte er verhindern. Als er mit 14 für seine Konfirmation beim Friseur war, hatte ihm dieser prophezeit, dass er spätestens mit 20 eine Glatze haben würde. So dünn war bereits damals seine rote Mähne. Grönemeyer hat sich daraufhin alles ins Haar geschmiert, was es an Haarwuchsmitteln gab. Heute versucht er, aus den wenigen Haaren, die er noch hat, einfach das Beste zu machen.

Sich neu auszuprobieren, nicht am Gewohnten festzuhalten ist typisch für Herbert Grönemeyer. Andere in seinem Alter sind in ihrer Denkweise längst festgefahren. Dafür fühlt sich der Sänger aber noch zu jung. Peter Pan lässt grüßen. Wenn man ihn fragt, was er dazugelernt habe, seit er 30 war, antwortet er, dass er in puncto Erfahrung gerade mal bei 70 Prozent stehe. An eine Altersweisheit glaubt er nicht. Zumindest noch nicht. Immerhin sei es von Vorteil, „wenn man begreift, in welchem Stadium man sich befindet", sagt er. Tief in sich drin fühlt er sich konfus, verworren, wohl auch weiterhin ein wenig pubertär. Alles, nur leider nicht genial, gibt er sich bescheiden.

Oasis-Chef Noel Gallagher behauptet, dass Rockmusiker jenseits der 30 nur noch belangloses Zeug zustande bringen. Egal, ob es Paul McCartney sei, einer der besten Songwriter alle Zeiten, der seit 25 Jahren nur noch Mist produziere. Oder die Rolling Stones, die „heute nur noch Dreck sind. Auch John Lennon und George Harrison haben nur noch Schrott abgeliefert, als sie über 30 waren", schimpft Gallagher und ergänzt: „Ich glaube, jeder Songwriter verfügt nur über ein begrenztes Reservoir an exzellenten Liedern." Herbert Grönemeyer beweist in diesem Punkt das Gegenteil, schließlich hätte er laut dieser Theorie seinen Zenit schon 1986 überschritten. Sein Album „Mensch" erschien 2002, da war er 46. Sein neuestes Album „Dauernd Jetzt" brachte er 2014 auf den Markt – mit 58 Jahren. Und mit Schrott haben seine Songs garantiert nichts zu tun. Aber dem Sänger ist natürlich bewusst, dass er älter und sein Gehirn mit der Zeit ein bisschen dünner wird, sodass ihm eines Tages vielleicht tatsächlich nichts Brauchbares mehr einfällt. Ihm ist ebenfalls bewusst, dass seine Musik irgendwann weniger Rock und mehr Rollstuhl ist. „Dann mache ich ein Weihnachtsalbum – aber so weit bin ich noch nicht“, lautet sein kämpferisches Fazit.[100] Ob er als „alter Mann“ eines Tages in der Helgoländer Kurmuschel auftreten wird, statt die Veltins-Arena auf Schalke mit 65.000 kreischenden Fans zu füllen, wird man sehen. So ganz mag man jedoch nicht an eine solche Szenerie glauben. Er sicherlich am allerwenigsten.

Eine Sache hat das Älterwerden ihn allerdings dann doch gelehrt, nämlich dass sich neben der Erfahrung auch eine gewisse Denkfaulheit breitmacht. Man fühlt sich „gelassen dümmer“, gesteht er. „Dummerweise fühlt es sich ganz angenehm an …“

Wer will schon von allen gemocht werden?

Es gibt nur sehr wenige Menschen, die Herbert Grönemeyer gegenüber ehrlich sind mit ihrer Kritik. Die auch mal Tacheles mit ihm reden, ihm den Kopf waschen und sagen: „Herbert, du verrennst dich!" Dabei ist ihm diese Wahrheit so wichtig. Ihm muss doch jemand sagen, dass er einen Text geschrieben hat, der keinen Sinn ergibt. Dass in einer seiner Melodien ein schiefer Ton mitklingt. Oder dass er sich mal wieder wie ein „abgehobener Arroganzling" oder „wie ein Arschloch" verhält, weil er zu hoch beschleunigt und dabei übers Ziel hinausschießt. Erfolg verändert Menschen, das ist nun mal so. Er ist zwar auf der einen Seite wunderbar für die Eitelkeit, aber gleichzeitig etwas Flüchtiges. Wie Gas, nichts Griffiges. Bei Erfolg werde man darum regelrecht aufgeblasen, beschreibt es der Sänger, so wie ein Fesselballon. „Man hebt natürlich ab, das ist so!", zeigt sich Grönemeyer ehrlich in der Selbstanalyse. Aber sonst halte man diesen Druck auch nicht aus. Darum braucht es Menschen, die einem helfen, auf dem Boden zu bleiben, die dich erden, herunterholen, festhalten. Schließlich wirst du „echt ein bisschen bescheuert, wenn dir alle erzählen, was für ein toller Typ du bist", resümiert Grönemeyer.[101]

Diese „bescheuerte" Phase hatte er Ende der 80er. Nach dem riesigen Erfolg mit „Bochum", den der Sänger als überfallartig beschreibt, wurde er für die Platten „Sprünge" und „Ö" ebenso gefeiert. Als er dann seine nächste Platte auch noch „Luxus" taufte, meckerten schon die ersten Fans, dass er langsam ein bisschen merkwürdig werde. Hatten die recht damals? „Die hatten schon in gewisser Weise recht, ja!", gesteht Grönemeyer. Er rechtfertigt sich nicht, das muss er auch nicht, aber er versucht immerhin, die damalige Situation irgendwie zu erklären. Wie soll man denn auch vernünftig damit umgehen, wenn ein Stadion voller Menschen einen regelrecht anbetet? Wie soll man sich verhalten, wenn man von Zehntausenden Menschen während eines Konzerts zwei Stunden lang gefeiert wird? Das lässt niemanden kalt, wie denn auch?! Natürlich schwingt da ein Gefühl von Demut mit. Aber gleichzeitig solch ein irrsinniges Glücksgefühl, dass einem das Adrenalin bis unter die Schädeldecke steigt. Der Sänger beschreibt es als ein Hochgefühl, wie wenn man auf Drogen wäre. Man schwebt auf Wolken, kommt gar nicht mehr runter. Dabei ist so ein Konzert ja nur das Vorspiel, die Spitze des Eisbergs. Wenn man als Musiker auf Tour geht, wird man rund um die Uhr wie ein Superstar behandelt. Man wird hofiert und chauffiert, es wird für einen gekocht, geputzt, gewaschen, man wird auf die Bühne geschoben und wieder abgeholt. Das ganze Wohlfühlprogramm eben. Und überall spenden die Menschen Applaus.

Zu Hause allerdings klatscht keiner. Da bringt einem niemand den Kaffee ans Bett, trägt die Koffer ins Schlafzimmer oder bejubelt einen, wenn man mal kurz aus dem Fenster schaut. Zu Hause ist man kein Superstar mehr. „Deswegen steigen viele auf Drogen ein, um ebendiese plötzliche Leere zu kompensieren“, weiß Grönemeyer.[102] In seinem Lied „Luxus“ heißt es: „Zweifel ertrinken bei uns in Champagner, und dem Kopf hilft Kokain.“ Soulsirene Amy Winehouse, Modeschöpfer Alexander McQueen, Schauspieler Heath Ledger: alle Genies ihres Metiers, alle gefällt von Sucht und Überdosis. Sie sind nicht die Ersten und werden nicht die Letzten sein.

Echte Freunde fangen einen in so einer Situation auf. Genau wie sie einen bremsen, wenn man auch zu Hause seinen Starstatus nicht ablegt. Aber die meisten in Grönemeyers Umfeld verhalten sich in der Regel mehr als Fans statt als Freunde. Das sind keine Beziehungen auf Augenhöhe, sondern eher ein Aufschauen. Grönemeyer weiß das. Wenn er mal einen Witz macht, lachen die meisten, gibt er als

Beispiel an. Nicht, weil er etwas besonders Lustiges von sich gegeben hat, obwohl er sich ab und zu durchaus für originell hält, „sondern weil ich prominent bin“. Lachen aus Höflichkeit also. Gibt es etwas Schlimmeres? Ihn als Menschen zu sehen, nicht als den deutschen Superstar, das tun die wenigsten. Umso dankbarer ist der Sänger für die, die mit ihrer ehrlichen Meinung nicht hinterm Berg halten. Aber „das reduziert sich auf ein, zwei Menschen – und das sind langjährige Freunde“.[103] Grönemeyer verlässt sich seit Jahrzehnten auf dieselben Leute – und sie bleiben bei ihm. Dieselben Musiker seit 30 Jahren (ein Gitarristenwechsel, das war's). Dieselbe PR-Managerin seit mehr als 25 Jahren. Derselbe Fahrer seit fast 20 Jahren: Stefan, ein stoischer Riese, der ihn im schwarzen Land Rover Discovery durch Berlin fährt, sich selbst „Mädchen für alles“ nennt und die einmalige Fähigkeit besitzt, sieben Stunden regungslos zu warten, während sein Chef die Bandproben leitet oder Konzerte gibt.

Genau darum spielt Grönemeyer auch so gerne in seiner Heimatstadt Bochum, obwohl er die Konzerte dort als seine schwierigsten bezeichnet. Denn neben all der Zuneigung, die ihm entgegengebracht wird, schwingt immer noch eine Portion Skepsis mit. Die Leute checken ihn, gucken ganz genau, ob er noch der Alte ist. „Und wehe, wenn nicht, wehe, wenn nicht“, weiß er. Da geht es nicht um die Hose, sondern um das Herz, das darin schlägt, wie man im Ruhrgebiet so schön sagt. Einmal kam ein Fan zu ihm und meinte: „Also, gesungen haben Sie ja schön, aber Sie hatten so einen dicken Ring um.“ Herbert, der Proll? Nein, das mögen seine Bochumer ganz und gar nicht.

Dabei ist ihm eigentlich fast egal, was die anderen über ihn denken. Das Bild, das er nach außen projiziert, „interessiert mich nicht“, sagt er.[104] „Ich bin so, wie ich bin“, und wer ihn kennt und sich mit ihm beschäftigt, macht sich sein eigenes Bild. Aber macht er es sich damit nicht ein bisschen zu einfach? Sind wir nicht selbst für unser Image in der Öffentlichkeit verantwortlich? Es ist doch so: Wenn wir uns einen sympathischen Menschen vorstellen, dann kommt uns meistens jemand in den Sinn, der viel lacht, sehr offen ist, auf Menschen zugeht, ein gepflegtes Erscheinungsbild hat, gesellig und redselig ist und oftmals auch Erfolg hat. In die andere Richtung dagegen stellen wir uns eher einen unhöflichen Menschen vor oder jemanden, der sehr zurückgezogen und schüchtern ist und einen unglücklichen Eindruck macht. Auf unbewusste Weise fühlen wir uns in den meisten Fällen zu den sympathischen Menschen hingezogen. Wie man ist und wie man sein Verhalten gestaltet, ist natürlich jedem selbst überlassen. Aber man kann der netteste Mensch der Welt sein, und niemand wird es merken, solange man es niemanden sehen lässt. Das gilt für jeden Nichtprominenten genauso wie für einen Star. Mit einem Unterschied: Herbert Grönemeyer WILL gar nicht von allen gemocht werden.

Ganz im Gegenteil: Der Sänger findet es sogar schön, wenn er manchen Leuten nicht so ganz geheuer ist. Er möchte in irgendeiner Form gefährlich bleiben, wie er sagt. Unberechenbar. Ungriffig, ein typisches Grönemeyer-Wort. Und darum denkt er auch gar nicht daran, sein Leben so zu leben oder seine Lieder so zu schreiben, um es allen recht zu machen. Selbstverständlich will er mit seinen Platten erfolgreich sein, aber „ich muss die Musik machen dürfen, die ich will“.

Dass auch schlechte Lieder dabei sind, ist sicherlich menschlich und nicht allzu überraschend. Er weiß am besten, welche seiner Songs eher misslungen sind. Kritik an sich und an seiner Musik ist erlaubt und ebenso erwünscht. „Ich verbitte mir das nicht“, sagt er. Aber er selektiert ganz genau, mit wem er darüber redet. Und das beschränkt sich nun mal auf die paar Menschen, denen er vertraut und auf deren

Meinung er auch Wert legt. Herbert Grönemeyer ist – wie anfangs erwähnt – ein Freund offener Worte. Er erwartet von seinen Liebsten dieselbe Ehrlichkeit, die er auch ihnen entgegenbringt. Selbst wenn es schwerfällt. Schließlich ist sich der Sänger seiner Eigenarten ganz genau bewusst, geht mit sich deswegen auch knallhart ins Gericht. Er weiß um seine Borniertheit, seine typisch deutsche Denke, seinen Verfolgungswahn. „Wenn ich über mich selbst nachdenke und über meine eigenen Marotten und Macken singe, dann heißt das nicht, dass ich die alle abstellen kann."[105] Aber wenn er Dinge bei sich entdecke, die er bescheuert finde, könne er vielleicht auch andere Leute dazu ermutigen, bei sich selber auch mal nachzuhorchen.

Konstruktive Kritik von Freunden ist eine Sache, die Häme des Feuilletons eine ganz andere. Und Gegenwind gab es wegen seines Stakkatostils von Anfang an genug. Was wurde über ihn und seine Stimme geschimpft. Von „japsenden Tönen" war die Rede, von „verquetschter Ernsthaftigkeit", von unsinnig bis schwachsinnig. Alles war schon dabei. Als er vor Jahren seinen Hit „Männer" einmal ins Niederländische übersetzt hat, um über die Grenzen hinaus erfolgreich zu sein, wurde auch darüber böse gelästert: „Das ist der größte Hit in Deutschland? Wir verstehen überhaupt nix, das Lied ist völlig Banane, aber der Keyboarder ist gut", hieß es damals in der Presse. Bislang stand Herbert Grönemeyer über solchen Kritiken. Diese Aussagen zeigten ihm zumindest, dass er eine Reaktion hervorruft. Schlimmer wäre es für ihn, wenn er langweilen würde, findet er. Trotz allem merkt man, dass ihn nicht jede Kritik völlig kaltlässt. Besonders ein Stachel sitzt tief.

Die Rede ist von der Parodie „Grönemeyer kann nicht tanzen", die ihn seit Sommer 1989 verfolgt. Die Stimme des Interpreten, der Rhythmus, ja das ganze Arrangement des Songs erinnern verdächtig an Herberts „Bochum". Der Text aber hat es in sich: „Laut stammeln und nuscheln, Grönemeyer kann nicht tanzen", heißt es. Und weiter: „Herbert hackt Sätze, nuschelt, klingt lustig, auch irgendwie kaputt (...) Vater Pils, Mutter putzen, alles total kaputt." Von der Maxisingle erschien auch eine zweite Auflage namens „Herbert kann nicht tanzen", das erste Cover wurde zensiert. Es gilt als Satire. Dennoch ist sie knallhart.

Nicht ohne Grund kommt Grönemeyer immer wieder auf dieses Lied zu sprechen, dabei ist es 27 Jahre her, dass der Satiriker Wiglaf Droste und der Ärzte-Schlagzeuger Bela B es veröffentlicht haben. Zwar findet Grönemeyer die zynische Auseinandersetzung „mit einem so erfolgreichen Musiker wie mir" völlig okay. Dennoch war es ihm offenbar ein Bedürfnis, die Behauptungen darin zu widerlegen. Eines ist klar: Ohne diese Parodie hätte es wohl bis heute kein Tanzvideo von Herbert Grönemeyer gegeben. Der Sänger wollte offenbar allen beweisen, dass er eben doch tanzen kann, und hat dank „Fang mich an" mit diesem Kapitel endlich seinen Frieden gemacht. Eine andere Möglichkeit wäre sicherlich gewesen, einfach eine Aufnahme aus dem Theaterstück „Die Geisel" von 1976 zu veröffentlichen. In diesem irischen Drama, von Peter Zadeck am Bochumer Schauspielhaus inszeniert, zeigte der damals 20-jährige Herbert bereits sein tänzerisches Repertoire. Die roten Haare zum Pferdeschwanz gebunden, stand er auf der Bühne, trug eine glitzernde Schlaghose in Gold, dazu einen Knoten im Hemd. Bauchfrei also, doch er konnte es damals tragen. Grönemeyer brüllte gekonnt den Kulthit „Tutti Frutti" ins Mikrofon, schwang dabei die Hüften in bester Rock-'n'-Roll-Manier, dass selbst Little Richard gestaunt hätte. Rückblickend kann Grönemeyer über diesen Auftritt nur schmunzeln, sagt selbst, dass er „ganz elegant in den Beinen" war.

Heute mag er diese Leichtigkeit in den Beinen zwar ein wenig verloren haben, aber er steht mit ihnen mitten im Leben. So fest und so voller Halt wie seit dem Tod seiner Anna nicht mehr. Vielleicht ist er darum auch politisch interessierter denn je. Weil er jetzt denen, die ihren Halt verloren haben, helfen will. Mit (s)einer Stimme gegen Armut.

Der Musikminister! Jede Stimme zählt …

Mit dem Begriff „Musikminister“ kann er nicht viel anfangen, obwohl er sich wie kaum ein anderer deutscher Sänger in politische Debatten einmischt. „Musikminister? Was soll das überhaupt heißen?“, fragt er. Musikminister klingt irgendwie streng. Korrekt sowieso. Und hochoffiziell. Aber ungefähr so sehen es die Deutschen doch: Politik, da kümmert sich die Merkel drum, Fußball macht der Löw, im Fernsehen sitzt Jauch, und für gute Musik ist der Grönemeyer zuständig. So einfach ist das.

Herbert Grönemeyer kommt aus einer hochpolitischen Zeit. Seine Brüder waren in der Kommunistischen Partei, auch an der Bochumer Uni ging's zur Sache. Die Rote Armee Fraktion bildete sich, da war der Sänger ein Jugendlicher im Alter von 14 Jahren. Überall rund um Bochum gab es zig politische Organisationen: KPD, Roter Morgen, Grüner Morgen, Gelber Morgen, Aufgehende Sonne, KPE, KPW, DKP – ein Wahnsinn, erinnert sich der Sänger. Er selbst hat sich nie aktiv einer solchen politischen Organisation angeschlossen, fand sie „zu verbiestert, zu verkopft, zu weltfremd“. Grönemeyer bedient sich vielmehr eines anderen Mediums, um seine Meinung kundzutun: seiner Musik, seiner Stimme. Der Sänger bezeichnet sich als „Trommler für die gute Sache“. Künstler wie er sind dafür da, auf Dinge aufmerksam zu machen, ihnen Gehör zu verschaffen, „Missstände zu artikulieren“, wie er sagt. Wie eine Art Seismograf, der den Menschen den Spiegel vorhalten soll. Das liege aber nicht daran, dass Künstler wie er klüger seien als der Rest der Gesellschaft. Nein, sondern weil sie das Werkzeug haben, es öffentlich zu machen. „Und weil wir diese Öffentlichkeit haben, haben wir aber auch die Verpflichtung, die Verantwortung, was zu tun.“[106]

Doch im Gegensatz zu U2-Sänger Bono oder Bob Geldof, dem Initiator der Live-Aid-Konzerte, die seit 15 Jahren im Kanzleramt, dem Elysée-Palast oder dem Weißen Haus quasi ein- und ausgehen, um politisch Einfluss zu nehmen, vermeidet Grönemeyer eher das direkte Gespräch mit deutschen Politikern. Nicht aus Scheu oder Bequemlichkeit, sondern weil er ihnen nicht vertraut. „Dafür müssten die Politiker erst einmal eine Sprache sprechen, die ich verstehe. Ich sehe niemanden, der mir etwas zu sagen hat."[107]

Nur einmal machte er eine Ausnahme, als er sich mit dem damaligen Bundeskanzler Willy Brandt traf, Anfang der 90er-Jahre. Aber das sei eine andere Konstellation gewesen als ein gewöhnliches Politikertreffen, sagt er. Willy Brandt hatte ihn eingeladen, um Nelson Mandela bei dessen ersten Staatsbesuch in Deutschland zu ehren. Grönemeyer sollte für den damaligen Präsidenten Südafrikas spielen. Und das tat er. Da saß er also am Tisch mit Brandt, der irgendwann auf seinem Stuhl eingenickt war, und mit Nelson Mandela. Der Sänger, total eingeschüchtert von solch moralischer Macht um sich herum, wusste nicht so recht, was er sagen sollte. Nelson Mandela ging es wohl genauso, denn auch er beschränkte sich auf Small Talk. „Oh, Mr Grönemeyer", sagte er, „Ihren Song gegen die Apartheid, den Sie vorhin gespielt haben, fand ich wunderschön." [108] Die Rede war von Grönemeyers Lied „Maß aller Dinge" aus seinem Album „Sprünge". Die Zeilen darin, hochpolitisch: „Weiße Überheblichkeit, jeder Mensch ist gleich. Der Weiße ist gleicher."

Abgesehen von dieser Brandt-Anekdote, findet Herbert Grönemeyer, dass die Politiker in Deutschland der Kunst weder große Anerkennung noch Respekt entgegenbringen. Bei uns werde ein Künstler nur zu einer politischen Veranstaltung eingeladen, um einen Song zu spielen und damit den Abend aufzulockern, dann solle er aber bitte schön die Klappe halten.

Also wählte Herbert Grönemeyer seinen eigenen Weg, um sich abseits des politischen Zirkus Gehör zu verschaffen, um die Dinge ins Rollen zu bringen, die ihn beschäftigen. Man müsse eben so lange Feuer machen, bis die Masse aufwache. Jeder Widerstand sei wichtig, egal, wie klein er sei. „Das gilt für mich nach wie vor." Bereits im Jahr 1985 initiierte er darum das Projekt „Band für Afrika", um gemeinsam mit anderen Künstlern Geld für hungernde Kinder in Afrika zu sammeln. Die Single „Nackt im Wind" erreichte sogar Platz drei der deutschen Hitparade. Bis heute setzt Grönemeyer sich aktiv für den Schuldenerlass in der sogenannten Dritten Welt ein, um ein Zeichen für mehr Menschlichkeit und gegen die kapitalistische Ausbeutung der armen Länder zu setzen. Er fordert Solidarität mit denen, die nichts oder nicht so viel haben wie der Rest der Welt.

Immer wieder nutzt er seine Musik, um gegen die Armut zu kämpfen. So trat er am 2. Juli 2005, dem sogenannten White Band Day, gemeinsam mit deutschen und internationalen Künstlern in Berlin auf. Ziel war es, gemeinsam mit den parallel stattfindenden Live-8-Konzerten eine Nachricht in Richtung der G8-Staaten zu senden. Das weiße Band diente als Symbol für die globale Kampagne zur Überwindung der Armut. Auch während des G8-Gipfels in Heiligendamm 2007 rief Grönemeyer das Musikfestival „Music & Messages" ins Leben. Bei der Pressekonferenz im „Haus der Kulturen" 2011 anlässlich seines Albums „Schiffsverkehr" nutzte er die Öffentlichkeit, um über Japan, Libyen und Afghanistan zu sprechen. Die Bundeswehr sollte aus dem Hindukusch abziehen und den Rebellen in Libyen helfen, sagte er. In seinem Song „Auf dem Feld" thematisierte er das Grauen in Afghanistan – und das Desinteresse in Deutschland.

Natürlich gibt es auch hier Kritiker wie Sven Regener, Sänger der Band Element of Crime, die Grönemeyers Engagement als „bloße

Wichtigtuerei" abtun und dessen gesellschaftskritische Songs als „Gelaber" bezeichnen. „Was ist das überhaupt für eine Politik, einfach gegen Armut zu sein? Es steht ja keiner auf und sagt: Hey, ich bin aber für Armut, ich finde das geil! Wenn das Politik ist, dann ist das Politik von Aldi!", findet Sven Regener klare Worte zu dem selbst ernannten Weltverbesserer.[109] Nichtsdestotrotz scheint Grönemeyer etwas mit seiner „Politik" zu bewegen. Der frühere Finanzminister Hans Eichel hat im Rahmen des G8-Gipfels in Heiligendamm sogar eingestanden, dass er damals den Schuldenerlass nicht unterschrieben hätte, wenn es „Deine Stimme gegen Armut" nicht gegeben hätte. „Das hat mich sehr berührt", sagt Grönemeyer.

Seine „Stimme gegen Armut" ist sowieso längst seine lauteste. Seit 2005 ist der Sänger gemeinsam mit dem Dachverband der entwicklungspolitischen Nichtregierungsorganisationen (VENRO) Träger der Kampagne „Deine Stimme gegen Armut". Die Aktion erinnert die Bundesregierung daran, dass sich Deutschland wie alle anderen Mitgliedsstaaten der Vereinten Nationen verpflichtet hat, die Millenniumsziele, darunter die Halbierung der extremen Armut, fristgerecht bis zum Jahr 2015 umzusetzen. „Deine Stimme gegen Armut" ist die deutsche Variante von Bob Geldofs Initiative „Make Poverty History" in Großbritannien. Beide sind Teil des weltweiten Netzwerks „Global Call to Action against Poverty" (GCAP). Immer öfter engagiert sich Herbert Grönemeyer auch für andere Bereiche. So spielte er am 6. Juni 2009 bei einem Benefizkonzert im Rewirpowerstadion, um den Bau einer Spielstätte der Symphoniker in Bochum zu ermöglichen. Auch beim Musikfestival „Offen und bunt – Dresden für alle!" verzichtete der Sänger auf seine Gage und warb mit seiner Stimme gegen Fremdenfeindlichkeit und für ein weltoffenes Dresden.

Ein Thema allerdings liegt ihm derzeit am meisten am Herzen. So sehr, dass er dafür sogar seinen eigenen Grundsatz über den Haufen wirft und in Talkshows wie bei Günther Jauch und Markus Lanz ganz klar Position bezieht. Stichwort: Flüchtlingspolitik! Dass die Menschen, die Krieg, Folter und Tod erlebt haben, nach Deutschland kommen, sieht Grönemeyer als eine Art Liebesbeweis an. Die Menschen vertrauen den Deutschen, hoffen, dass sie und ihre Familien hier beschützt werden. Und wenn sie dann ankommen nach ihrer langen, beschwerlichen Reise, bei der sie oft die Hälfte ihrer Familie verloren haben, „und diese Kälte erfahren, das ist grausam".

Der Sänger kann die Antihaltung gegenüber Flüchtlingen nicht im Geringsten nachvollziehen, ruft mit seinem Lied „Feuerlicht" zu mehr Nächstenliebe und Zusammenhalt auf. „Leih mir einen Mantel, einen Weg", singt er darin. „Nur etwas Halt in dem Dickicht. Etwas Halt und sonst nichts." Es sei doch menschlich und klug zugleich, dahin zu gehen, wo Tod und Terror nicht allgegenwärtig sind. Das hätten unsere Vorfahren ebenso gemacht, „das würden wir alle machen", betont er. Diese Menschen, die nach Deutschland kommen, wollen laut Grönemeyer keine Almosen. Sie wollen ein Teil der Gesellschaft werden, wollen hier ein neues Leben beginnen. „Wenn man diesen Menschen mal bewusst zuhört und mitbekommt, was die durchgemacht haben, kann man sich überlegen: Worum geht es im Leben eigentlich!"[110] Ja, worum eigentlich?

Leben ja, aber ohne Plan

Jede noch so lange Reise beginnt bekanntlich mit dem allerersten Schritt. Eigentlich heißt das Zitat im Original „Eine Reise von tausend Meilen beginnt unter deinem Fuß" und stammt vom chinesischen Philosophen Laotse. Es hätte aber in der Tat auch eine Grönemeyer-Zeile sein können. Etwas umständlich ausgedrückt, aber doch auf den Punkt gebracht. Grönemeyers Reise hat am 12. April 1956 begonnen, also vor genau 60 Jahren. Am Ende seines Wegs ist der Sänger jedoch noch lange nicht angekommen. Er selbst sagt, dass man zwar mit einem Bein auf sicherem Boden stehen müsse, dass das andere Bein aber auch immer den Mut haben müsse, den nächsten Schritt einzuleiten – damit man sich vom Althergebrachten löst. Oder wie es Grönemeyer kurz und knapp zusammenfasst: „Stillstand ist der Tod!"

Die Vergangenheit ist für den Sänger ein Raum, in den man mal gehen kann. Aber man sollte dabei stets die Tür auflassen, um wieder rausgehen zu können. Denn das Leben findet nun mal jetzt statt. Im Heute und Hier. Dass sein aktuelles Album „Dauernd Jetzt" heißt, ist darum kein Zufall. Sondern eine Art erstes Lebensfazit. Ein Innehalten. Die Idee hinter dem Titel sei, dass man den wunderbaren Moment strecke und dadurch länger darin verweilen könne, erklärt Herbert Grönemeyer und liefert mit seinem Song „Wunderbare Leere" sogleich eine Art Anleitung mit. Ja, das Lied rockt nicht nur melodisch, sondern auch textlich, man will es nicht anders ausdrücken. Plötzlich sieht man das Stadion vor sich, wie es ausflippt zu Sätzen wie „Heute mache ich mir keine Sorgen, ich fass sie morgen wieder an". „Der Inhalt entspricht meinem Lebensgefühl", sagt Grönemeyer. Er kann wunderbar müßig gehen und unheimlich gut herumsitzen. Seine Art zu leben ist es, den Moment zu genießen und das

Glück einfach mal dauern zu lassen. Carpe diem. Aber bitte mit Weile.

Herbert Grönemeyer hat nie einen besonderen Lebensentwurf im Kopf gehabt. Niemals eine Idealvorstellung davon, wie man seine Jahre am sinnvollsten füllen kann. Ehrgeiz ist ihm fremd. Wieso auch, die Natur wächst doch auch langsam. Ganz früher träumte er davon, dass er einen Freistoß in der letzten Minute verwandelt und so das Spiel entscheidet. Damals hoffte er noch auf einen Profivertrag als Fußballer. Aber abgesehen davon, stellte er sich nie viel für seine Zukunft vor. Es gibt genug Menschen, die das tun, die ihre selbst verfassten To-do-Listen abhaken: Karriere machen? Check! Heiraten? Check! Kinder? Check! Schulden der Doppelhaushälfte tilgen? Noch in Arbeit. Halbes Check! Grönemeyer war und ist kein solcher Planer. Er hat immer versucht, von Tag zu Tag zu leben. So intensiv, wie es eben nur geht. „Das mache ich auch heute noch“, sagt er. Schließlich dauert auch das tollste Fußballspiel nur 90 Minuten, dann ist es vorbei. Und das gilt für alles. „Ich will doch nur, dass es schön bleibt – und dann zu Ende geht, wenn es das nicht mehr ist.“ [111] Denn dass das Leben endlich ist, macht es ja erst so kostbar.

Diese Kostbarkeit, von der er spricht, spürt man auch auf seiner Platte. Die Musik zu schreiben fiel ihm bei „Dauernd Jetzt“ erstaunlich leicht. Fast so wie in den 80ern, als seine Frau Anna noch bei ihm war. Was auf der einen Seite daran liegt, dass er wieder einen Standort hat und angekommen ist in seinem jetzigen Leben. Die Zeit des Suchens, des Aufbrechens, ohne eigentlich genau zu wissen, wohin denn die Reise gehen soll ... sie ist für ihn vorbei. Auf der anderen Seite ist er seit über drei Jahren wieder in einer Beziehung. In einer sehr glücklichen, wie er immer wieder betont. Es sei wirklich so gewesen, dass er während des Schreibens seiner neuen Platte gemerkt habe: „Hey, dir geht's ja besser, als du denkst.“ Auf einer

Glücksskala von 1 bis 10 sieht er sich mittlerweile als „eine gute 8! Ja, doch. Das Leben zeigt sich mir, nach allem wie es sich mir sonst gezeigt hat, wieder sehr freundlich, und das genieße ich."[112]

Glück ... dieses kleine große Wort. Für jeden bedeutet es etwas anderes. Wer Leid und Trauer ertragen musste, definiert einen glücklichen Moment weitaus bescheidener als jemand, der bisher nur auf der Sonnenseite des Lebens gestanden hat. Für den Sänger ist Glücklichsein deshalb ein Zusammenspiel zwischen dem, was man fühlt, und den Dingen, die einem von außen zugebracht werden, die einem guttun. Wie ein Lächeln. Ein Blick. Ein ehrliches Wort. Dass alles so eine Wärme hat. Und dass man dieses Gefühl auch wahrnehmen und aufnehmen kann. Natürlich trägt er seine verstorbene Frau nach wie vor in sich, in seinem Herzen, und setzt bis heute alles in Beziehung zu ihr. Egal, was er denkt und vorhat, es kommt ihm bedeutungslos vor, wenn er nicht weiß, was sie davon hält, wenn er sich nicht vorher fragt: Was würde meine Anna jetzt dazu sagen? Die Engländer sagen: „Du kannst klagen, dass sie tot ist – du kannst dankbar sein, dass sie gelebt hat." Herbert Grönemeyer ist heute in der Lage, sich über das Glück zu freuen, dass er überhaupt die Chance hatte, 20 Jahre lang sehr liebevoll und eng mit seiner Frau zusammen zu sein.

Es ist noch gar nicht so lange her, da hat er sich Vorwürfe gemacht, weil er wieder nach dem Leben gegriffen hat. Weil er die Freude nach all den Schicksalsschlägen zugelassen hat. Doch er hat verstanden, dass es verdammt egoistisch und auch unfair wäre, sich hinter der Trauer zu verstecken. Unfair gegenüber seinen Kindern, seiner Familie, seiner Musik. Herbert Grönemeyer wollte schon mit seinem Album „Schiffsverkehr" zeigen, dass man nicht der ewig Trauernde sein kann, sondern auch wieder zuversichtlich aufbricht. Doch erst nach „Dauernd Jetzt" glaubt man ihm das auch. Weil man es hört. In jeder einzelnen Strophe.

Mit seinen 60 Jahren ist er also endlich mit sich im Reinen. Oder um es mit einer seiner liebsten Fußballmetaphern zu formulieren: Jetzt kann er wieder neu loslegen und all die Dinge angehen, die in der zweiten Halbzeit auf ihn zukommen. „Ja, ich hatte 'ne Ansprache in der Kabine, jetzt habe ich einen guten Kotrainer an meiner Seite, und jetzt kann man gut in die zweite Halbzeit gehen – und wir spielen natürlich auf Sieg!“[113]

Natürlich.

Wie soll man eine Biografie enden lassen, wenn das Leben gerade anfängt, wieder richtig Spaß zu machen? Und wie soll man überhaupt den passenden Schlusssatz über einen Mann wie Herbert Grönemeyer finden, der wie kein anderer die Sprache kneten kann, auf dass sie ihm gehorche? Ganz einfach, man überlässt die letzten Worte ihm. Herbert Grönemeyer, so viel steht nun fest, geht es ausgezeichnet, er ist glücklich und hat mit sich und seinem Schicksal seinen Frieden gemacht. Er selbst drückt es anders aus, eben im typischen Grönemeyer-Stil: „Ich schaffe es, zwischendurch zu denken: Du bist ganz in Ordnung.“[114]

Diskografie (Auswahl)

1979: Ocean Orchestra
„Grönemeyer“
1980: „Zwo“
1982: „Total Egal“
1983: „Gemischte Gefühle“
1984: „1978–1980“, erstes „Best-of“-Album, „4630 Bochum“
1986: „Sprünge“
1988: „Ö“
„What's All This“ (englisch)
1990: „Luxus“
1991: „Luxus“ (englisch)
1992: „So gut“, zweites „Best-of“-Album
1993: „Chaos“
1994: „Cosmic Chaos“
1995: „Unplugged Herbert“
„Grönemeyer Live“
1996: „Chaos“ (englisch)
1998: „Bleibt alles anders“
2000: „Stand der Dinge“, Doppel CD/DVD
2002: „Mensch“
2003: „Mensch Live“
2007: „12“
„12 Live“
2008: „Was muss muss“, drittes „Best-of“-Album,
Doppel CD/DVD
2011: „Schiffsverkehr“
„Schiffsverkehr Live“
2012: „I Walk“ (englisch)
2014: „Dauernd Jetzt“

2015: „Dauernd Jetzt Live“
„Die Staubkorn-Sammlung“

Auszeichnungen (Auswahl)

ECHO

1992: Bester Künstler national
1994: Bester Künstler national
2002: Beste DVD („Stand der Dinge“)
2003: Bester Künstler national
2003: Beste Single („Mensch“)
2004: Beste DVD („Mensch Live“)
2008: Bester Künstler national Pop/Rock
2008: Bestes Album des Jahres national/international
2012: Bester Live-Act national
2015: Bester Künstler national

Comet

2002: Bestes Album („Mensch“)
2003: Künstler national
2003: Bester Live-Act
2008: „Star der Stars“

1 Live Krone

2000: Lebenswerk
2002: Bestes Album („Mensch“)
2003: Bester Künstler

Goldene Kamera

1999: Deutsche Rockmusik
2015: Beste Musik national

World Music Award

2003: Best German Pop/Rock Artist

DIVA Award
2003: Artistic Achievement Award

Amadeus Austrian Music Award
2004: Musik-DVD des Jahres („Mensch Live")
2008: Musik-DVD des Jahres („12 Live")
2008: Bestes Album international („12")

Adolf-Grimme-Preis
1988: Adolf-Grimme-Preis mit Gold für „Sommer in Lesmona" (zusammen mit Reinhard Baumgart, Peter Beauvais und Katja Riemann)

Weitere Auszeichnungen
1979: Goldene Zitrone für das schlechteste Albumcover („Grönemeyer")
2005: European Hero (Time) – Engagement gegen Armut auf der Welt
2005: Special Jubilee Award – Baloise Session Award
2007: Platz 1 bei der Wahl zum Besten Musiker in der ZDF-Sendung
2015: „Pionier of Pop"-Award – SWR3 New Pop Festival

Unsere Besten zum Thema „Musikstars aller Zeiten"
2011: Sonderpreis bei dem Deutschen Radiopreis

Anmerkungen

1 Stern, „Man ist Mensch und macht vieles falsch“, 29.08.2002, http://www.stern.de/kultur/musik/herbert-groenemeyer—man-ist-mensch-und-macht-vieles-falsch--3637938.html, Stand 3.11.2015.

2 Herbert attacks Paparazzi, http://www.liveleak.com/view?i=306_1419774649.

3 „Günther Jauch Flüchtlingsrepublik Deutschland – Wo liegen unsere Grenzen?“, 5.10.2015, ARD.

4 „Zoff zwischen Grönemeyer und U2-Sänger Bono“, Bild vom 16.10.2014, http://www.bild.de/unterhaltung/musik/bono/u2-frontmann-von-herbert-groenemeyer-enttaeuscht-38179362.bild.html, Stand 12.10.2015

5 Bunte, „Überraschende Liebeserklärung an seine Jusha“, 1.3.2015, http://www.bunte.de/musik/herbert-groenemeyer-ueberraschende-liebeserklaerung-seine-jusha-117677.html, Stand 12.10.2015.

6 Zeitmagazin, Nr. 48 vom 20.11.2014, „99 Fragen an Herbert Grönemeyer“.

7 NDR 2-Themenwoche, „Was ist Heimat für Herbert Grönemeyer“, vom 5.10.2015.

8 Amica Online, 1998, „Ich hab’ schon als Kind so viel gelacht, dass die Leute mich schon zum Arzt bringen wollten“, http://web.archive.org/web/20091021045041/http://geocities.com/SunsetStrip/Venue/5831/inter4.htm, Stand 17.11.2015.

9 NDR 2-Themenwoche, „Was ist Heimat für Herbert Grönemeyer“, vom 5.10.2015.

10 „Warum Herbert Grönemeyer sein Bochum immer noch innig liebt“, Der Westen, 14.8.2014, http://www.derwesten.de/staedte/bochum/herbert-groenemeyer-ueber-eine-liebeserklaerung-an-bochum-id9696204.html, Stand 1.11.2015.

11 Der Stern, Ausgabe Nr. 47 vom 13.11.2014, http://www.stern.de/kultur/musik/herbert-groenemeyer-im-interview---ich-bin-eigentlich-eine-ziemliche-frohnatur--3243708.html, Stand 1.11.2015.

12 Presseportal, „Herbert Grönemeyer auf seiner einzigen Pressekonferenz der aktuellen Tournee“, http://www.presseportal.de/pm/21573/454277, Stand 1.11.2015.

13 Presseportal, „Herbert Grönemeyer auf seiner einzigen Pressekonferenz der aktuellen Tournee“, http://www.presseportal.de/pm/21573/454277, Stand 1.11.2015.

14 Tagesspiegel, „Ich bin die wandelnde Pubertät“, vom 27.05.2007.

15 Bild der Frau. Nr. 1, 27.12.2014, „Wenn ich glücklich bin, rede ich zu viel“.

16 Weltwoche, „Das ist keine Caritas-Veranstaltung“, 2007, http://www.weltwoche.ch/ausgaben/2007-09/artikel-2007-09-das-ist-keine-ca.html, Stand 5.11.2015.

18 WELT am SONNTAG, „Vor dem Spiel bügle ich mein Trikot“, 09.06.2002, http://www.welt.de/print-wams/article604136/Vor-dem-Spiel-buegle-ich-mein-Trikot.html, Stand 9.11.2015.

19 Tagesspiegel, „Ich war schon immer Autofreak“, 24.11.2014 http://www.tagesspiegel.de/mobil/herbert-groenemeyer-ueber-autos-ich-war-schon-immer-autofreak/11024008.html, Stand 6.11.2015.

20 BR, „Leidenschaftlich zum Erfolg“, http://www.br.de/radio/bayern1/inhalt/musik/groenemeyer-musiker100~_node-ca026a73-071b-4320-93a4-262ac7db9be1_-7e40e720b2806796dc78d0b26d650f0253094953.html, Stand 6.11.2015.

21 Markus Lanz, ZDF-Talkshow, Sendung vom 25.11.2014.

22 Weltwoche, „Das ist keine Caritas-Veranstaltung“, 2007, http://www.weltwoche.ch/ausgaben/2007-09/artikel-2007-09-das-ist-keine-ca.html, Stand 5.11.2015.

23 Berliner Kurier, „Wolfgang Petersen blickt zurück“, http://www.berliner-kurier.de/archiv/interview-regisseur-wolfgang-petersen-blickt-zurueck-25-jahre—das-boot-,8259702,4024286.html#plx1993281665, Stand 7.11.2015.

24 Zeit Online, „Aufpassen, dass du nicht abhebst“, 25.7.1986, http://www.zeit.de/1986/31/aufpassen-dass-du-nicht-abhebst/komplettansicht, Stand 7.11.2015.

25 Kölnische Rundschau, „„Ich habe mich nie um Erfolg geschert“, 4.4.2015, http://www.rundschau-online.de/magazin/herbert-groenemeyer-ich-habe-mich-nie-um-erfolg-geschert-,15184902,30294056.html, Stand 12.11.2015.

26 BR, „Leidenschaftlich zum Erfolg“, http://www.br.de/radio/bayern1/inhalt/musik/groenemeyer-musiker100~_node-ca026a73-071b-4320-

93a4-262ac7db9be1_-7e40e720b2806796dc78d0b26d650f0253094953.html, Stand 6.11.2015.

27 Der Westen, „Warum Herbert Grönemeyer sein Bochum immer noch innig liebt", 14.8.2014, http://www.derwesten.de/staedte/bochum/herbert-groenemeyer-ueber-eine-liebeserklaerung-an-bochum-id9696204.html, Stand: 12.11.2015.

28 Der Westen, „Warum Herbert Grönemeyer sein Bochum immer noch innig liebt", 14.8.2014, http://www.derwesten.de/staedte/bochum/herbert-groenemeyer-ueber-eine-liebeserklaerung-an-bochum-id9696204.html, Stand: 12.11.2015.

29 Markus Lanz, ZDF-Talkshow, Sendung vom 25.11.2014.

30 Zeit Online, „Aufpassen, dass du nicht abhebst", 25. 8. 1986, http://www.zeit.de/1986/31/aufpassen-dass-du-nicht-abhebst, Stand 13.11.2015.

31 Zeit Online, „Aufpassen, dass du nicht abhebst", 25.8.1986, http://www.zeit.de/1986/31/aufpassen-dass-du-nicht-abhebst, Stand 13.11.2015.

32 Kurier, „Sperrige Worte für die Liebe", http://kurier.at/kultur/musik/herbert-groenemeyer-sperrige-worte-fuer-die-neue-liebe/136.350.555, Stand 29.10.2015.

33 SZ-Magazin, „Auf Schicht", 30.4.2015.

34 Markus Lanz, ZDF-Talkshow, Sendung vom 25.11.2014.

35 Radio Schleswig-Holstein, Sendung vom 28.11.2014, http://www.rsh.de/2204340/Musik_Nachrichten/5783323/durchgehoert_und_angehoert_herbert_groenemeyer_im_interview.html, Stand 23.12.2015.

36 Jumpradio, „Ich habe einen Warmluftfetisch", 1. 12. 2014, http://www.jumpradio.de/musik/star/groenemeyer126.html, Stand 19.12.2015.

37 Stern, „Man ist Mensch und macht vieles falsch", 29.08.2002, http://www.stern.de/kultur/musik/herbert-groenemeyer—man-ist-mensch-und-macht-vieles-falsch--3637938.html, Stand 3.11.2015.

38 Markus Lanz, ZDF-Talkshow, Sendung vom 25.11.2014.

39 Radio Schleswig-Holstein, Sendung vom 28.11.2014, http://www.rsh.de/2204340/Musik_Nachrichten/5783323/durchgehoert_und_angehoert_herbert_groenemeyer_im_interview.html, Stand 23.12.2015.

40 Kölnische Rundschau, „„Ich habe mich nie um Erfolg geschert", 4.4.2015, http://www.rundschau-online.de/magazin/herbert-

groenemeyer-ich-habe-mich-nie-um-erfolg-geschert-,15184902,30294056.html, Stand 24.12.2015.

41 Markus Lanz, ZDF-Talkshow, Sendung vom 25.11.2014.

42 Markus Lanz, ZDF-Talkshow, Sendung vom 25.11.2014.

43 Krone, „Herbert Grönemeyer: „Will nicht immer trauern", 16.11.2014, http://www.krone.at/Musik/Herbert_Groenemeyer_Will_nicht_immer_trauern-Krone-Interview-Story-426997, Stand 3.12.2015.

44 Die Welt, „Ich mache alle kirre", 21.11.2014, http://www.welt.de/newsticker/dpa_nt/infoline_nt/boulevard_nt/musik_nt/article134573222/Ich-mache-alle-kirre.html, Stand 6.11.2015.

45 NTV, „Grönemeyer im Stress", 7.12.2010, http://www.n-tv.de/leute/Groenemeyer-im-Stress-article2094926.html, Stand 14.12.2015.

46 Krone, „Herbert Grönemeyer: „Will nicht immer trauern", 16.11.2014, http://www.krone.at/Musik/Herbert_Groenemeyer_Will_nicht_immer_trauern-Krone-Interview-Story-426997, Stand 3.12.2015.

47 Tagesspiegel, „Ich bin die wandelnde Pubertät", 4.6.2007, http://www.tagesspiegel.de/kultur/pop/herbert-groenemeyer-ich-bin-die-wandelnde-pubertaet/863118.html, Stand 26.12.2015.

48 Viviano, „Herbert Grönemeyer glaubt an Gott", 1.6.2007, http://www.viviano.de/herbert-groenemeyer-glaubt-an-gott_a14101.html, Stand 24.12.2015.

49 Markus Lanz, ZDF-Talkshow, Sendung vom 25.11.2014.

50 Markus Lanz, ZDF-Talkshow, Sendung vom 25.11.2014.

51 Markus Lanz, ZDF-Talkshow, Sendung vom 25.11.2014.

52 Die Presse, „Singen hilft einem durchs Leben", 26.3.2011, http://diepresse.com/home/kultur/popco/645105/Gronemeyer_Singen-hilft-einem-durchs-Leben?direct=646544&_vl_backlink=/home/kultur/popco/646544/index.do&selChannel=, Stand 25.12.2015.

53 Phoenix, „Dietrich Grönemeyer über seinen Bruder: Wir sind Zwillinge im Geiste", Sendung vom 22.02.2008.

54 Zeit online, „Ernte im Urmeer", 15.3.2002, http://www.zeit.de/2012/12/P-Groenemeyer, Stand 28.12.2015.

55 Zeit online, „Ernte im Urmeer", 15.3.2002, http://www.zeit.de/2012/12/P-Groenemeyer, Stand 28.12.2015.

56 Zeit online, „Es muss richtig donnern", 17.3.2011, http://www.zeit.de/2011/12/M-Groenemeyer, Stand 13.12.2015.

57 BZ, „Aber wir beiden waren geschaffen füreinander“, 5.7.2008, http://www.bz-berlin.de/artikel-archiv/aber-wir-beide-waren-geschaffen-fuereinander, Stand 22.11.2015.
58 Spiegel, „Feuer frei aufs andere Ich“, 20.4.1998, http://www.spiegel.de/spiegel/print/d-7692265.html, Stand 1.12.2015.
59 Stern, „Sie ist stolz und mutig auf eine Reise gegangen“, März 1998, „http://www.letzte-version.de/archiv/artikel/5/sie-ist-stolz-und-mutig-auf-eine-reise-gegangen.htm, Stand 12.11.2015.
60 Musikexpress, „Bleibt alles herb“, 1.12.2000, http://www.alphazalpha.de/musik/groenemeyer/reden/musikexpress.html, Stand 27.12.2015.
61 Freundin, Nr. 6 vom 23.02.2011 – Seite 20, FACES.
62 Stern, „Sie ist stolz und mutig auf eine Reise gegangen“, März 1998, „http://www.letzte-version.de/archiv/artikel/5/sie-ist-stolz-und-mutig-auf-eine-reise-gegangen.htm, Stand 12.11.2015.
63 Brigitte, Nr. 7 vom 14.03.2007, „Das Leben hat Wucht und Drama“.
64 Brigitte, Nr. 7 vom 14.03.2007, „Das Leben hat Wucht und Drama“.
65 Stern.de, „Man ist Mensch und macht vieles falsch“, 29.8.2002, http://www.stern.de/kultur/musik/herbert-groenemeyer—man-ist-mensch-und-macht-vieles-falsch--3637938.html, Stand 18.11.2015.
66 Stern.de, „Man ist Mensch und macht vieles falsch“, 29.8.2002, http://www.stern.de/kultur/musik/herbert-groenemeyer—man-ist-mensch-und-macht-vieles-falsch--3637938.html, Stand 18.11.2015.
67 Stern.de, „Man ist Mensch und macht vieles falsch“, 29.8.2002, http://www.stern.de/kultur/musik/herbert-groenemeyer—man-ist-mensch-und-macht-vieles-falsch--3637938.html, Stand 18.11.2015.
68 „Ich mache alle kirre“, Die Welt vom 21.11.2014, http://www.welt.de/newsticker/dpa_nt/infoline_nt/boulevard_nt/musik_nt/article134573222/Ich-mache-alle-kirre.html, Stand 28.10.2015.
69 Der Spiegel, „Schnelle Mark“, 03.09.1990, http://www.spiegel.de/spiegel/print/d-13500739.html, Stand 29.10.2015.
70 Tagesspiegel, „Ich bin die wandelnde Pubertät“, 27.05.2007.
71 Stern, „Man ist Mensch und macht vieles falsch“, 29.08.2002, http://www.stern.de/kultur/musik/herbert-groenemeyer-man-ist-mensch-und-macht-vieles-falsch--3637938.html, Stand 18.11.2015.

72 Stern, „Man ist Mensch und macht vieles falsch“, 29.08.2002, http://www.stern.de/kultur/musik/herbert-groenemeye r—man-ist-mensch-und-macht-vieles-falsch--3637938.html, Stand 18.11.2015.

73 Stern, „Man ist Mensch und macht vieles falsch“, 29.08.2002, http://www.stern.de/kultur/musik/herbert-groenemeyer—man-ist-mensch-und-macht-vieles-falsch--3637938.html, Stand 18.11.2015.

74 Stern, „Sie ist stolz und mutig auf eine Reise gegangen“, 18.3.1999, http://www.oocities.org/sunsetstrip/hotel/5451/berichte/Interview.html, Stand 19.11.2015.

75 Markus Lanz, ZDF-Talkshow, Sendung vom 25.11.2014.

76 Stern.de, „Man ist Mensch und macht vieles falsch“, 29.8.2002, http://www.stern.de/kultur/musik/herbert-groenemeyer-man-ist-mensch-und-macht-vieles-falsch—3637938.html, Stand 3.12.2015

77 Tagesspiegel, „Ich bin die wandelnde Pubertät“, 27.5.2007.

78 Brigitte, Nr. 7 vom 14.03.2007, „Das Leben hat Wucht und Drama“.

79 Kurier, „Sperrige Worte für die Liebe“, 16.6.2015, http://kurier.at/kultur/musik/herbert-groenemeyer-sperrige-worte-fuer-die-neue-liebe/136.350.555, Stand 5.12.2015.

80 Markus Lanz, ZDF-Talkshow, Sendung vom 25.11.2014.

81 Stern, „Man ist Mensch und macht vieles falsch“, 29.08.2002, http://www.stern.de/kultur/musik/herbert-groenemeyer-man-ist-mensch-und-macht-vieles-falsch--3637938.html, Stand 18.11.2015.

82 Stern, „Sie ist stolz und mutig auf eine Reise gegangen“, 18.3.1999, http://www.oocities.org/sunsetstrip/hotel/5451/berichte/Interview.html, Stand 19.11.2015.

83 Die Presse.com, „Singen hilft einem durchs Leben“, 26.3.2011, http://diepresse.com/home/kultur/popco/645105/Gronemeyer_Singen-hilft-einem-durchs-Leben?direct=646544&_vl_backlink=/home/kultur/popco/646544/index.do&selChannel=, Stand 6.12.2015.

84 Stern, „Man ist Mensch und macht vieles falsch“, 29.08.2002, http://www.stern.de/kultur/musik/herbert-groenemeyer-man-ist-mensch-und-macht-vieles-falsch--3637938.html, Stand 18.11.2015.

85 http://www.letzte-version.de/songbuch/12/zieh-deinen-weg/.

86 Zeit online, „Es muss richtig donnern“, 17.3.2011, http://www.zeit.de/2011/12/M-Groenemeyer, Stand 13.12.2015.

87 SVZ.de, „Ich bin ein ziemlicher Chaot“, 21.3.2015, ‚http://www.svz.de/mv-uebersicht/mv-kultur/ich-bin-ein-ziemlicher-chaot-id9270351.html Stand 17.12.2015.
88 Zeit online, „Es muss richtig donnern“, 17.3.2011, http://www.zeit.de/2011/12/M-Groenemeyer, Stand 13.12.2015.
89 Radio Schleswig-Holstein, Sendung vom 28.11.2014, http://www.rsh.de/2204340/Musik_Nachrichten/5783323/durchgehoert_und_angehoert_herbert_groenemeyer_im_interview.html, Stand 23.12.2015.
90 rbb, „Wilsons und Grönemeyers Faust“, 23.4.2015, https://www.rbb-online.de/stilbruch/archiv/20150423_2215/faust-berliner-ensemble-robert-wilson-herbert-groenemeyer.html, Stand 24.12.2015.
91 rbb, „Wilsons und Grönemeyers Faust“, 23.4.2015, https://www.rbb-online.de/stilbruch/archiv/20150423_2215/faust-berliner-ensemble-robert-wilson-herbert-groenemeyer.html, Stand 24.12.2015.
92 Weltwoche, „Das ist keine Caritas-Veranstaltung“, 2007, http://www.weltwoche.ch/ausgaben/2007-09/artikel-2007-09-das-ist-keine-ca.html, Stand 5.11.2015.
93 Wilhelms Woche, „Ich bin ein Osterkind“, ZDF, 24.4.1998, http://web.archive.org/web/20091021045041/http://geocities.com/SunsetStrip/Venue/5831/inter5.htm, Stand 17.11.2015.
94 Auf Schicht, Süddeutsche Zeitung, 18/2015, http://sz-magazin.sueddeutsche.de/texte/anzeigen/43045/2, Stand 25.10.2015.
95 NDR 2 Morgen, „Zum Aufstehen ein Liedchen“, 4.12.2014, http://www.ndr.de/ndr2/sendungen/ponik_und_petersen_der_ndr2_morgen/Herbert-Groenemeyer,groenemeyer618.html, Stand 21.11.2015.
96 NDR 2 Morgen, „Zum Aufstehen ein Liedchen“, 4.12.2014, http://www.ndr.de/ndr2/sendungen/ponik_und_petersen_der_ndr2_morgen/Herbert-Groenemeyer,groenemeyer618.html, Stand 21.11.2015.
97 Youtube, „Fang mich an – Making of“, 26.2.2015, https://www.youtube.com/watch?v=lvZuJS388oc, Stand 21.11.2015.
98 SZ-Magazin, „Auf Schicht“, 30.4.2015.
99 Amica Online, 1998, „Ich hab’ schon als Kind so viel gelacht, dass die Leute mich schon zum Arzt bringen wollten“, http://web.archive.org/web/20091021045041/http://geocities.com/SunsetStrip/Venue/5831/inter4.htm, Stand 17.11.2015.

100 NTV, „Grönemeyer im Stress“, 7.12.2010, http://www.n-tv.de/leute/Groenemeyer-im-Stress-article2094926.html.
101 Markus Lanz, ZDF-Talkshow, Sendung vom 25.11.2014.
102 Markus Lanz, ZDF-Talkshow, Sendung vom 25.11.2014.
103 TV Movie, 20/98, „Lieber Quietschknödel als Langweiler“, http://web.archive.org/web/20091020235649/http://geocities.com/SunsetStrip/Venue/5831/tvmovie.htm, Stand“ 17.11.2015.
104 Markus Lanz, ZDF-Talkshow, Sendung vom 25.11.2014.
105 TV Movie, 20/98, „Lieber Quietschknödel als Langweiler“, http://web.archive.org/web/20091020235649/http://geocities.com/SunsetStrip/Venue/5831/tvmovie.htm, Stand 17.11.2015.
105 TV Movie, 20/98, „Lieber Quietschknödel als Langweiler“, http://web.archive.org/web/20091020235649/http://geocities.com/SunsetStrip/Venue/5831/tvmovie.htm, Stand 17.11.2015.
106 Markus Lanz, ZDF-Talkshow, Sendung vom 25.11.2014.
107 Stern, „Grönemeyer traut keinem deutschen Politiker“, 10.3.2011, http://www.stern.de/kultur/musik/interview-im-stern-groenemeyer-traut-keinem-deutschen-politiker-3864782.html, Stand 2.12.2015.
108 Mitteldeutsche Zeitung, „Wir können nerven“, 12.4.2013, http://www.mz-web.de/das-gespraech/groenemeyer-und-bono-wir-koennen-nerven-,20652142,22356784.html#plx1923829382, Stand 2.12.2015.
109 Laut.de, „Grönemeyer betreibt Aldi-Politik“, 14.7.2007, http://www.laut.de/News/Sven-Regener-Groenemeyer-betreibt-Aldi-Politik-14-06-2007-5012, Stand 2.12.2015.
110 Markus Lanz, ZDF-Talkshow, Sendung vom 25.11.2014.
111 Brigitte, Nr. 7 vom 14.03.2007, „Das Leben hat Wucht und Drama“.
112 Radio Schleswig-Holstein, Sendung vom 28.11.2014, http://www.rsh.de/2204340/Musik_Nachrichten/5783323/durchgehoert_und_angehoert_herbert_groenemeyer_im_interview.html, Stand 23.12.2015.
113 Markus Lanz, ZDF-Talkshow, Sendung vom 25.11.2014.
114 Stuttgarter Nachrichten, „Herbert zu sein ist auch nicht schlecht“, http://www.stuttgarter-nachrichten.de/inhalt.groenemeyer-ist-zurueck-herbert-zu-sein-ist-auch-nicht-schlecht.a9d43c8a-245d-44dc-903c-d114b319ff93.html, Stand 2.12.2015.

Sonstige Quellen

Herbert attacks Paparazzi, http://www.liveleak.com/view?i=306_1419774649

Süddeutsche Zeitung, „Gönemeyer wehrt sich gegen Prügel-Vorwürfe", http://www.sueddeutsche.de/medien/paparazzi-video-groenemeyer-wehrt-sich-gegen-pruegel-vorwuerfe-1.2289483-2, Stand 12.10.2015

„Günther Jauch Flüchtlingsrepublik Deutschland – Wo liegen unsere Grenzen?", 5.10.2015, ARD

„Zoff zwischen Grönemeyer und U2-Sänger Bono", Bild vom 16.10.2014, http://www.bild.de/unterhaltung/musik/bono/u2-frontmann-von-herbert-groenemeyer-enttaeuscht-38179362.bild.html, Stand 12.10.2015

Bunte, „Überraschende Liebeserklärung an seine Jusha", 1.3.2015, http://www.bunte.de/musik/herbert-groenemeyer-ueberraschende-liebeserklaerung-seine-jusha-117677.html, Stand 12.10.2015

Kurier, „Sperrige Worte für die neue Liebe", 16.6.2015, http://kurier.at/kultur/musik/herbert-groenemeyer-sperrige-worte-fuer-die-neue-liebe/136.350.555, Stand 12.10.2015

Wut – die missverstandene Emotion?, https://www.sein.de/wut-die-missverstandene-emotion, Stand 18.10.2015

Tagesspiegel, 10.8.1998

Zeitmagazin, Nr. 48 vom 20.11.2014, „99 Fragen an Herbert Grönemeyer"

RP-Online, „Dem Phänomen Grönemeyer auf der Spur", 29.5.2011, http://www.rp-online.de/kultur/musik/dem-phaenomen-groenemeyer-auf-der-spur-aid-1.1287304, Stand 5.11.2015

Tagesspiegel, „Ich war schon immer Autofreak", 24.11.2014 http://www.tagesspiegel.de/mobil/herbert-groenemeyer-ueber-autos-ich-war-schon-immer-autofreak/11024008.html, Stand 6.11.2015

Die Welt, „Ich mache alle kirre", 21.11.2014, http://www.welt.de/newsticker/dpa_nt/infoline_nt/boulevard_nt/musik_nt/article134573222/Ich-mache-alle-kirre.html, Stand 6.11.2015

Zeit Online, „Aufpassen, dass du nicht abhebst", 25.7.1986, http://www.zeit.de/1986/31/aufpassen-dass-du-nicht-abhebst, Stand 6.11.2015

Der Westen, „Warum Herbert Grönemeyer sein Bochum immer noch innig liebt", 14.8.2014, http://www.derwesten.de/staedte/bochum/herbert-groenemeyer-ueber-eine-liebeserklaerung-an-bochum-id9696204.html, Stand: 12.11.2015

RP Online, „Was ich tu, ist Rock 'n' Roll", 30.3.2012, http://www.rp-online.de/kultur/musik/was-ich-tu-ist-rock-n-roll-aid-1.2774159, Stand 13.11.2015

Andy Wahrhol's Interview, „Mensch, Herbert", 17.12.2014, http://www.interview.de/interviews/interview-herbert-groenemeyer, Stand 19.11.2015

http://www.jumpradio.de/musik/star/herbert128.html

Jumpradio, „Ich habe einen Warmluftfetisch", 1.12.2014, http://www.jumpradio.de/musik/star/groenemeyer126.html, Stand 19.12.2015

Auf Schicht, Süddeutsche Zeitung, 18/2015, http://sz-magazin.sueddeutsche.de/texte/anzeigen/43045/2, Stand 25.10.2015

Herbert Grönemeyer, „Privat kein Facebook", Kölner Express, 19.11.2014,

http://www.express.de/promi-show/herbert-groenemeyer—privat-kein-facebook--keine-google-mail--handy-kamera-abgeklebt,2186,29074560.html, Stand 26.10.2015

Radio Schleswig-Holstein, Sendung vom 28.11.2014, http://www.rsh.de/2204340/Musik_Nachrichten/5783323/durchgehoert_und_angehoert_herbert_groenemeyer_im_interview.html, Stand 23.12.2015

Kölnische Rundschau, „Ich habe mich nie um Erfolg geschert", 4.4.2015, http://www.rundschau-online.de/magazin/herbert-groenemeyer-ich-habe-mich-nie-um-erfolg-geschert-,15184902,30294056.html, Stand 24.12.2015

NTV, „Grönemeyer im Stress", 7.12.2010, http://www.n-tv.de/leute/Groenemeyer-im-Stress-article2094926.html, Stand 14.12.2015

Merkur.de, „Ich bleibe optimistisch", 22.12.2015, http://www.merkur.de/kultur/herbert-groenemeyer-ueber-fluechtlingsfrage-pegida-seine-dauernd-jetzt-tour-liebe-5979668.html, Stand 24.12.2015

Krone, „Herbert Grönemeyer: „Will nicht immer trauern", 16.11.2014, http://www.krone.at/Musik/Herbert_Groenemeyer_Will_nicht_immer_trauern-Krone-Interview-Story-426997, Stand 3.12.2015

Freundin, Nr. 6 vom 23.02.2011 – Seite 20, FACES

Phoenix, „Dietrich Grönemeyer über seinen Bruder: Wir sind Zwillinge im Geiste", Sendung vom 22.02.2008

Zeit online, „Ernte im Urmeer", 15.3.2002, http://www.zeit.de/2012/12/P-Groenemeyer, Stand 28.12.2015

Die Presse, „Singen hilft einem durchs Leben", 26.3.2011, http://diepresse.com/home/kultur/popco/645105/Gronemeyer_Singen-hilft-einem-durchs-Leben?direct=646544&_vl_backlink=/home/kultur/popco/646544/index.do&selChannel=, Stand 25.12.2015

Viviano, „Herbert Grönemeyer glaubt an Gott", 1.6.2007, http://www.viviano.de/herbert-groenemeyer-glaubt-an-gott_a14101.html, Stand 24.12.2015

Spiegel, „Feuer frei aufs andere Ich", 20.4.1998, http://www.spiegel.de/spiegel/print/d-7692265.html, Stand 24.11.2015

Hamburger Morgenpost, „Annas Lied", 11.11.1988, http://www.mopo.de/annas-lied---liebeslied-an-anna--18718970, Stand 13.12.2015

Bild, „Meine Mutter leidet an Alzheimer", 16.3.2011, http://www.bild.de/unterhaltung/musik/herbert-groenemeyer/neues-album-song-fuer-seine-mutter-16855436.bild.html, Stand 25.12.2015

Musikexpress, „Bleibt alles herb", 1.12.2000, http://www.alphazalpha.de/musik/groenemeyer/reden/musikexpress.html, Stand 27.12.2015

Gala, „Ich erzähle nicht von meinem Leben", 30.4.2015, http://www.gala.de/stars/news/starfeed/herbert-groenemeyer-ich-erzaehle-nicht-von-meinem-leben_1247076.html, Stand 28.12.2015

„Wenn Promis zurückschlagen", Die Welt, 16.3.2012

http://www.welt.de/vermischtes/article13926495/Wenn-Promis-zurueckschlagen-Risikoberuf-Paparazzo.html, Stand 25.10.2015

http://www.fem.com/lifestyle/artikel/hayden-panettiere-im-interview-paparazzi-sind-stalker

Tagesspiegel, „Ich bin die wandelnde Pubertät", 4.6.2007, http://www.tagesspiegel.de/kultur/pop/herbert-groenemeyer-ich-bin-die-wandelnde-pubertaet/863118.html, Stand 26.12.2015

Zeitmagazin, Nr. 48 vom 20.11.2014, „99 Fragen an Herbert Grönemeyer" Stern, „Sie ist stolz und mutig auf eine Reise gegangen", 18.3.1999, http://www.oocities.org/sunsetstrip/hotel/5451/berichte/Interview.html, Stand 19.11.2015

Bild der Frau, „Wenn ich glücklich bin, rede ich zu viel", 27.12.2014

Gala, „Ein Lied für seine neue Liebe?", Nr. 10 vom 27.02.2003

Zeit online, „Es muss richtig donnern", 17.3.2011, http://www.zeit.de/2011/12/M-Groenemeyer, Stand 13.12.2015

SVZ.de, „Ich bin ein ziemlicher Chaot", 21.3.2015, http://www.svz.de/mv-uebersicht/mv-kultur/ich-bin-ein-ziemlicher-chaot-id9270351.html, Stand 17.12.2015

rbb, „Wilsons und Grönemeyers „Faust", 23.4.2015, https://www.rbb-online.de/stilbruch/archiv/20150423_2215/faust-berliner-ensemble-robert-wilson-herbert-groenemeyer.html, Stand 24.12.2015

FAZ, „Herbert Grönemeyer wollte nie Sänger werden", 19.11.2014, http://www.faz.net/agenturmeldungen/dpa/herbert-groenemeyer-wollte-nie-saenger-werden-13274329.html, Stand 26.10.2015

Stern.de, „Man ist Mensch und macht vieles falsch", 29.8.2002, http://www.stern.de/kultur/musik/herbert-groenemeyer-man-ist-mensch-und-macht-vieles-falsch—3637938.html, Stand 3.12.2015

NDR 2 Morgen, „Zum Aufstehen ein Liedchen", 4. 12. 2014, http://www.ndr.de/ndr2/sendungen/ponik_und_petersen_der_ndr2_morgen/Herbert-Groenemeyer,groenemeyer618.html, Stand 21.11.2015

ARD-Morgenmagazin, 12. 3. 2015, http://www.daserste.de/information/politik-weltgeschehen/morgenmagazin/videos/herbert-groenemeyer-live-fang-mich-an-100.html, Stand 21.11.2015

Youtube, „Fang mich an – Making of", 26. 2. 2015, https://www.youtube.com/watch?v=lvZuJS388oc, Stand 21.11.2015

Zeitmagazin, Nr. 48 vom 20. 11. 2014, „99 Fragen an Herbert Grönemeyer"

TV Movie, 20/98, „Lieber Quietschknödel als Langweiler" http://web.archive.org/web/20091020235649/http://geocities.com/SunsetStrip/Venue/-5831/tvmovie.htm, Stand 17.11.2015

Markus Lanz, Sendung vom 25.11.2014

Rolling Stone, „Herbert Grönemeyer über politisches Engagement", 12.4.2011, http://www.rollingstone.de/herbert-groenemeyer-ueber-politisches-engagement-370917, Stand 2.12.2015

Stern, „Grönemeyer traut keinem deutschen Politiker", 10.3.2011, http://www.stern.de/kultur/musik/interview-im-stern-groenemeyer-traut-keinem-deutschen-politiker-3864782.html, Stand 2. 12. 2015

Amica Online, 1998, „Ich hab' schon als Kind so viel gelacht, dass die Leute mich schon zum Arzt bringen wollten", http://web.archive.org/web/20091021045041/http://geocities.com/SunsetStrip/Venue/5831/inter4.htm, Stand 17.11.2015b

Bild der Frau. Nr. 1, 27.12.2014, „Wenn ich glücklich bin, rede ich zu viel"

Stuttgarter Nachrichten, „Herbert zu sein ist auch nicht schlecht“, http://www.stuttgarter-nachrichten.de/inhalt.groenemeyer-ist-zurueck-herbert-zu-sein-ist-auch-nicht-schlecht.a9d43c8a-245d-44dc-903c-d114b319ff93.html, Stand 2.12.2015

Stern, „Warum er Angela Merkel nicht gern treffen möchte“, 26.11.2014, http://www.stern.de/kultur/musik/herbert-groenemeyer-im-interview-ich-bin-eigentlich-eine-ziemliche-frohnatur--3243708.html, Stand 2.12.2015